서른, 진짜 나를 알아가기 시작했다

서른, 진짜 나를 알아가기 시작했다

지독했던 서른앓이를 치유해준 문장들

김현중 지음

더퀘스트

프롤로그

어쩌다 서른, 진짜 나는 누구인가?

"위로 좀 그만해! 너희들은 엄청나게 노력해서 잘 먹고 잘살잖아. 어디 하나 기댈 것 없는 애들은 자기 노력에라도 기대야 하는데…. 너희들은 성공하기 전까지는 너희 자신에게 쉬라고 말하지 않을 거면서 멋모르는 애들한테 위선 떨지 마!"

청춘을 대상으로 한 어느 유명 가수의 강연 영상에 달린 댓글이다. 최근 몇 년간 좌절하는 청년들의 마음을 다독이는 동기부여 콘텐츠가 유행했다. 하지만 꽃에도 물을 많이 주면 뿌리가 썩는 법. 위로 콘텐츠의 범람으로 청년들은 싸구려 위로에 오히려 시들어버렸다. 수많은 조언 때문에 나를 잃어가고 있는 청년들 사이에 요즘은 쉽고 빠르게 돈을 많이 버는 콘텐츠가 유행이다. 아무것도 위로가 되지 않는 청년들에게 오직 돈 하나만 위로가 되는 것 같아 마음이 쓰리다.

참 살기 힘든 세상이다. 단군 이래 역대급 고학력인 청년들이 취업을 못 한다. 입시 지옥을 견디면 취업 천국이 펼쳐진다는 사탕발림에 죽도록 노력했지만, 청년 체감 실업 인구 100만 명 시대가 되었다. 취업 전쟁에서 겨우 살아남은 이들도 부모 세대처럼 열심히 일하면 내 집 마련을 할 수 있다는 희망을 품었지만, 수직 상승하는 우주선처럼 치솟는 집값을 그저 멍하니 바라볼 뿐이다.

배부른 꼰대들은 말한다. "요즘 것들은 배가 덜 고파

서 그래. 꿈을 갖고 죽도록 노력하면 되는데 너무 나약해." 하루하루 살아남기에도 급급한 청년들에게 무슨 여유가 있겠는가? 연애도 사치처럼 느끼는 청년들에게 결혼과 출산은 안드로메다에 사는 외계인 이야기처럼 아득하기만 하다.

연애, 결혼, 출산을 포기하는 삼포세대는 집과 경력까지 포기하는 오포세대가 되었고, 여기에 희망과 인간관계마저 포기하는 칠포세대가 되어버렸다. 최근에는 신체적 건강과 외모를 포함해 9가지를 포기하는 구포세대도 등장했다. 도대체 무엇을 더 포기하라는 말인가?

돌아보면 나는 서른이 될 때까지 나 자신을 포기한 채 살았다. 타인의 눈에 비친 나는 어떤 사람인지가 중요했기 때문이다. 내가 누구인지 무엇을 좋아하는지 관심을 가져볼 생각조차 하지 못했다. 그렇게 어쩌다 서른이 되니 당혹스러웠다.

서른에는 뭐라도 되어 있을 줄 알았는데 아무것도 이룬 것이 없는 현실이 야속했다. 이상과 현실의 괴리가 피부에 와닿자 치열한 서른춘기가 시작되었다. 《서른, 진짜 나를 알아가기 시작했다》를 통해 대한민국에 사는 밀레니얼 세대로서, 서른을 통과하고 마흔을 바라보는 30대로서 나의 지독했던 서른앓이와 치유의 과정을 이야기하고자 했다.

이 책에서는 삶의 고구마 같은 고민에 몸부림치다 만난 책의 사이다 같은 문장을 소개하는 데 중점을 두었다. 나도 그 어떤 알량한 조언이나 싸구려 위로로 청년들의 짜증을 유발하는 꼰대가 되고 싶지 않다. 어쩌다 맛집을 발견하면 친구들에게 소개하지 않고는 못 배기듯이 서른의 깊은 고민에 허기진 우리와 맛있는 문장을 함께 나누고 싶었다.

나답게 산다는 것은 무엇일까? 쉽게 정의할 수 없지만, 삶의 의미를 찾기 위해 반드시 직면해야 하는 질문이다. 그 누구도 대신해 줄 수 없는 나만의 중요한 인생 과제다. 1장에서는 인생을 어떻게 나답게 살 것인지에 대한 고민을 치유해준 문장을 담았다.

서른이 되면 삶의 다양한 변화가 들이닥친다. 취업, 승진, 결혼, 출산 등 삶의 곡선이 요동치며 이제는 적지 않은 나이라는 생각에 묘한 책임감까지 어깨를 짓누른다. 2장에는 급격히 높아진 삶의 난이도를 극복할 나다운 길이 무엇인지에 대한 고민을 어루만진 문장을 실었다.

사회적 거리 두기가 생활화되면서 관계에서도 거리 두기가 필요하다는 생각이 든다. 관계의 적정 거리는 얼마일까? 3장에는 가족, 연인, 친구, 동료, 멘토 등 다양한 관계 속에서 진짜 나는 누구인지에 대한 고민을 낫게 한 문장을 수록했다.

좋은 차일수록 엔진 성능만큼이나 브레이크 성능이 탁월하다. 한창 달려가는 서른에게도 쉼이 중요하다. 나를 소중하게 다루고 돌볼 사람은 나 자신뿐이다. 4장에는 답답한 삶 속에서 어떻게 나를 숨 쉬게 할 것인지에 대한 고민을 아물게 한 문장을 소개했다.

출간을 앞두고 기쁜 소식을 들었다. 내가 진행한 독서 모임 '어쩌다 서른'에 참여했던 한 청년에게 며칠 전 연락이 왔다. "잘 지내시죠? 저 감사 인사드리려고요! 독서 모임 때 나를 알아가고 정리하는 시간을 가졌는데 이직할 때 이걸 레퍼런스로 활용했거든요. 덕분에 이번 주부터 새로운 곳에서 일하고 있어요!"

독서 모임 당시 이직 고민을 하던 30대 참여자였는데 나 자신을 알게 되니 스스로 하고 싶은 일을 찾았다는 그의 말에 가슴이 벅차올랐다. 지독히 아팠던 나의 서른앓이가 누군가에게 도움이 될 수 있다는 사실이 감격스러웠다. 너무 많은 고민을 짊어지고 있는 30대에게, 서른앓이로 고통스러운 우리에게 이 책이 얕은 위로가 아닌 깊은 공감으로 다가가길 바란다.

최근 네 살짜리 아들과 두 살짜리 딸이 번갈아 가며 입원하는 바람에 시간이 어떻게 가는 줄 모르고 지냈다. 아이들은 아픈 뒤에 부쩍 큰다고 하는데 실제로 두 아이가 눈에 띄게 자라는 것을 실감한다. 어디 아이들뿐이겠는가? 내게 서른앓이는 진짜 나를 알아가기 시작하는 촉매제가 되었다. 내가 온전히 내가 되는 것. 그것이 서른의, 아니 인생의 가장 큰 성공이 아닐까.

2021년 여름

김현중

차례

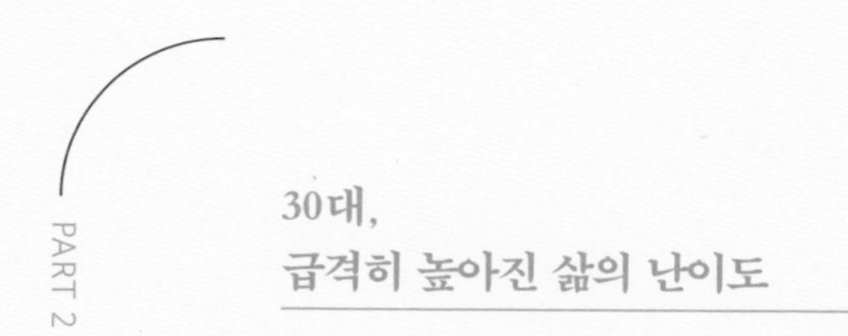

PART 3

30대, 관계를 새롭게 그려볼 때

PART 4

30대, 나를 구조할 사람은 나뿐

에필로그

PART 1

30대,

나답게 산다는 것

내가 하는 고민이

맞는 고민일까

20과 30의 차이

20대의 나는 큰 고민이 없었다. 별다른 꿈도 없었다. 냇물에 떠내려가는 종이배처럼 그저 사는 대로 생각하며 살았다. 취업이라는 거대한 바위에 난파될 위험이 있었지만 뿌연 물안개가 낀 것 같은 현실이 실감 나지 않았다. 벼락치기라는 치트키만 믿고 시험 전날까지 신나게 놀듯 치기 어린 20대를 보냈다. 나는 무엇을 좋아하고 무슨 일을 해야 할지 막연한 불안감이 있긴 했지만 큰 부담감은 없었다.

삶의 시험은 서른과 함께 찾아왔다. 스물아홉 살의 마지막 달이 되자 몽롱한 현실 감각에서 깨어났다. 벼락치기를 해야만 할 것 같은 강박감이 들었다. 설렘으로 맞이한 스무 살 성인식과는 전혀 달랐다. 서른과 어른, 자음 하나만 다른 단어가 하나로 겹쳐 보였다. 왠지 모를 책임감에 더 이상 어리광이 통하지 않을 것 같은 나이. 불청객처럼 찾아온 서른의 무게가 나를 짓눌렀다.

'나는 지금까지 무엇을 하며 산 걸까? 이룬 것 없이 이렇게 나이만 먹는 건가? 지금 하는 일을 계속하는 것이 맞나? 의미 있게 살고 싶은데 앞으로 어떻게 해야 할까? 좋은 사람 만나 결혼할 수 있을까?'

머릿속에서 쳇바퀴 도는 서른의 질문이 나를 놓아주지 않았다. 남들만큼 살지 못하는 30대의 나를 보며 남들처럼 살지 않겠노라고 객기를 부렸던 20대가 그리웠다. 나는 그대로인데 그대로여서는 안 될 것만 같은 이 중압감. 나이 앞자리 숫자 하나만 바뀌었을 뿐인데 왜 이런 변화가 온 것일까?

이 정체불명의 증상을 앓으며 몇 년을 보내고 나서야 정확한 병명을 알게 되었다. 서점에 들렀다가 우연히 발견한 정사각형 모양의 책. 표지에는 익살스러운 펭귄 캐릭터가 독특한 제목과 잘 어우러졌다. 전적으로 호기심에 구매한 책을 별생각 없이 펼쳤다가 숨겨둔 비자금을 발견한 것처럼 화들짝 놀랐다. 나의 증상을 정확히 진단하고 자세히 해설까지 해주는 것이 아닌가.

서른에 걸린 중병

서른이 되자 찾아온 증상의 병명은 다름 아닌 '어른병'이었다. 어른병이란 21~121세 사이의 인간에게 흔히 발생하는 질병으로 주요 증상으로는 만성적인 둔감함과 가벼운 우울증, 변화에 대한 두려움과 심한 스트레스가 있다. 각종 청구서, 과도

한 책임, 지루한 업무 등이 증상을 악화시키는데 어른병에 걸린 환자들은 불만이 많고 조바심을 내는 듯 보이기에 함께 있으면 즐겁지 않다고 한다.[1]

어른병의 개념을 정립한 제이슨 코테키는 어른병과의 전쟁을 선포한 예술가이자 대중 연설가다. 《너무 일찍 어른이 될 필요는 없어》라는 그의 책 제목만 봐도 알 수 있듯 천진난만함을 추구하는 괴팍한(책을 읽을수록 그가 괴팍한 것인지 내가 괴팍한 것인지 헷갈리지만) 인간이다. 그는 '디저트를 밥보다 먼저 먹으면 안 된다, 양말 두 짝은 항상 맞춰 신어야 한다, 고급 그릇은 특별한 때를 위해 아껴 두어야 한다' 등 실제 존재하지도 않는 규칙을 깨뜨려야 한다고 강조하며 어른병 탈출을 위한 40가지 방법을 제시한다.

깨뜨려야 할 규칙 중 '나잇값을 해야 한다'가 가장 인상적이었다. 통상적으로 30대에는 취업과 승진, 결혼과 출산 등 삶의 큰 변화가 일어나는 시기다. 그렇기에 급증하는 두려움이 나잇값이라는 중압감으로 작용하는 것 같다. 서른이 되자 존재감을 드러낸 정체불명의 나잇값. 그 실체를 파헤치려 할수록 나는 더욱 혼란스러웠다. 도대체 나잇값이 무엇일까?

1. 제이슨 코테키, 《너무 일찍 어른이 될 필요는 없어!》, 트로이목마, 2017, 13쪽

유교 사상이 짙게 깔린 우리 사회에서는 흔히 공자의 정의로 나잇값을 이해하기도 한다. 논어에서 15세는 지학(학문에 뜻을 두는 나이), 30세는 이립(모든 기초를 세우는 나이), 40세는 불혹(세상일에 흔들리지 않을 나이), 50세는 지천명(하늘의 뜻을 깨닫는 나이), 60세는 이순(성숙하여 남의 말을 받아들이는 나이), 70세는 종심(뜻대로 행해도 어긋나지 않는 나이)이라 칭한다.

요즘은 이런 유교적 통념이 점점 사라지는 것을 피부로 느낀다. 최근 한 시장조사 업체에서 '사회적 나이와 어른에 대한 인식 조사'를 했는데 전체 응답자 중 44.2%가 '우리 사회에서 통용되는 사회적 나이가 시대의 변화를 충분히 반영하지 못하는 것 같다'라고 입을 모았다. 특히 30대를 기점으로 나이대가 높아질수록 이질감이 유달리 큰 것으로 나타났다. 공자에 따르면 고작 서른에 모든 기초를 세울 수 있다는데 지금의 기준으로는 어림도 없는 말이다.

우리 사회에 통용되던 "30대에는 결혼을 해야 한다", "40대에는 내 집이 있어야 한다" 등의 고정관념도 무너지고 있는 것으로 드러났다. 결혼과 출산에 대한 인식이 달라졌고 평균 수명도 길어졌으니 사회적 나이 또한 다시 해석해야 한다는 주장이 많아진 것이다.[2]

특정 나이에는 어떻게 행동해야 한다는 규칙 따위는 존재하지 않는다. 기원전에 살았던 공자가 깨달은 이치를 21세기의 우리들에게 일반화할 수도 없고 그렇게 해서도 안 된다. 우리는 나잇값의 마법에서 풀려나야 한다. 그런데 어떻게??

나의 어른병 탈출기

제이슨 코테키는 《너무 일찍 어른이 될 필요는 없어》에서 "당신답게 행동하여 새로운 사고방식을 만들어가는 것이 생각을 통해 새로운 행동방식을 만들어가는 것보다는 수월하다"라며 "지금부터 나잇값대로 행동하기보다는 당신이 되고 싶어 하는 사람처럼 행동해보자"라고 제안한다. 그는 또한 책 전체에 걸쳐 '차 안에서 춤출 자유를 스스로 허락하라' '자고 있는 아이를 깨워서 잠옷 바람으로 아이스크림을 먹으러 가라' 등등 유쾌한 메시지로 존재하지도 않는 규칙을 깨뜨릴 것을 권고한다.

나잇값처럼 삶 속에 존재하는 것 같지만 실제로

2. 2020 사회적 나이 및 어른에 대한 인식 조사, 〈트렌드모니터〉, 2020.11.20.

는 존재하지도 않는 규칙들이 많다. 어릴 때부터 지금까지도 큰 영향을 미치는 규칙, '쌀 한 톨도 남기지 말라'가 떠오른다. 쌀 한 톨 생산하기까지 흘리는 농부의 피땀을 기억해야 한다는 말을 집에서도, 유치원에서도 듣고 또 들었다. 정말 쌀 한 톨도 남기지 않으려 노력하다 보니 어른들에게 복스럽게 잘 먹는다는 칭찬을 받았다. 나에게 식사는 점점 음식을 섭취하는 행위가 아닌 그릇을 비우는 행위에 가까워졌다. 지금도 그릇에 남아 있는 음식을 보면 마음이 불편해진다.

회사 동료들과 식사를 하다 의문이 든 적이 있다. 동료 A는 만 원씩 하는 밥값을 내고도 반절이나 남기는가 하면 동료 B는 맛이 없다며 거의 입에 대지도 않는 게 아닌가. 그들에게는 피땀 흘린 농부에게 감사하는 마음이 정녕 없는 것일까. 돈이 아까워서라도 그릇을 싹싹 비우는 나에게 그들은 이방인 같았다. "돈 주고 먹는데 그렇게 남기면 아깝지 않아요?"라고 묻자 기상천외한 답변이 돌아왔다. "왜요? 오히려 돈 주고 먹으니까 내 마음대로 남겨도 되죠." 그제야 깨달았다. 그들이 날씬한 이유를.

농부가 흘린 피땀 외에도 자원 낭비로 인한 환경 오염, 지구 반대편에서 굶어 죽는 기아 난민 등 그들을 설득할 갖가지 논리들이 떠올랐다. 하지만 무슨 소용인가. 그들이 무전취

식을 한 것도 아니었고 되레 나에게 건강을 생각해 소식하라고 하면 어떻게 방어할 것인가. 존재하지도 않는 규칙에 얽매여 있는 나만 초라해질 뿐.

문지방 밟지 마라, 밤에 손톱 깎지 마라, 빨간색으로 이름 쓰지 마라, 새 나라의 어린이는 일찍 일어난다 등등 찾아보면 생활 속에 허망한 규칙들이 즐비하다. 직장에서는 또 어떤가. 월요일에는 극도로 긴장해야 한다, 늘 바쁘지 않으면 안 된다, 일할 때는 인상 쓰고 진지해야 한다, 휴직은 사치다 등등 취업 규칙에도 없는 규칙에 나도 모르게 얽매여 있지 않은지 모를 일이다.

성장을 거부하는 어른아이들

제이슨 코테키의 명랑한 반란을 통해 어른병 극복을 위한 힌트를 얻을 수 있었다. 다만 주의해야 할 점이 두 가지 있다. 존재하지도 않는 규칙을 깨뜨려야 한다며 또 다른 규칙을 만들어 집착하는 모순에 빠지지 말 것. 그리고 어른병에 저항하는 것과 피터팬 증후군을 혼동하지 말 것.

피터팬 증후군은 심리학자 댄 카일리가 동화 속 피터

팬이 네버랜드에서 영원한 어린이로 남는 것에서 착안해 붙인 이름이다. 이 증상은 어른인데 여전히 아이 같은 특성을 가진 '어른아이'에게 나타난다. 어른아이는 어른으로서 존재감이 약해 책임을 회피하고 권리만 챙기려 한다. 이들은 취업이나 결혼을 꺼리고 나이가 들어서도 부모의 품에서 벗어나려 하지 않아 '캥거루족', '자라족', '모라토리엄 인간'(성인이 되기를 유예, 즉 모라토리엄 하는 사람) 등으로 불리기도 한다.[3]

직장에서도 피터팬 증후군에 걸린 사람들이 있다. 팀장으로 승진을 거부하고 팀원으로 머물며 시키는 일만 하려는 고인물이 대표적이다. 본래 임원은 직장인의 꿈이었지만 요즘 직장인은 만년 부장을 꿈꾼다. 언제 잘릴지 몰라 전전긍긍하는 계약직 임원보다 비교적 안정적인 정규직 부장이 좋다는 것이다. '월급 루팡'이라 욕먹어도, 후배가 상사여도 괜찮다는 식이다.[4] 기업이라고 다를까? 중소기업은 중견기업으로의 성장을 회피한다. 각종 혜택이 사라지고 각종 규제가 생겨나는 것이 두렵기 때문이다. 기업 쪼개기, 역분식회계 등 편법이 횡행한다. 이런 현상을 어찌 직장인과 기업만을 탓할 수 있겠는가. 사회 구조가 뭔가 잘못되어도 단단히 잘못된 게 분명하다.

고민하는 힘이 필요하다

어쩌다 서른, 내가 하는 고민이 맞는 고민일까? 지금 내가 고민하는 것들이 어쩌면 존재하지도 않는 규칙 때문에 파생된 것은 아닌지 생각해볼 필요가 있다. 동시에 관성적으로 어른아이에 머무르려 하는 것은 아닌지도 돌아봐야 한다. 어쩌면 서른이란, 아이의 순수함과 어른의 성숙함 사이의 균형감을 찾아가는 시기일지도 모른다.

지구상 생명체 중에 유일하게 인간만 고민이라는 것을 한다. 《고민하는 힘》의 저자 강상중 교수는 "고민하는 것이 사는 것이며, 고민하는 힘은 살아가는 힘"이라고 했다. 죽은 자는 고민이 없다. 지금 나의 고민에는 생명이 깃들어 있다. 고민하고 있다면 잘살고 있다는 뜻이다.

고민은 관념에 대한 저항이다. 어떤 고민이든 결국 나다움을 찾아가는 여정의 안내자가 될 것이다. 물론 나잇값에 얽매인 채 남들과 비교하는 것으로 고민하기보다는 어떻게 나다울 수 있을지 고민하는 것이 목적지에 조금 더 빨리 도달하는 길이겠지만.

3. 중앙선데이, "결혼도 취직도 거부…부모품 안 떠나는 어른아이들 왜 늘까", 〈중앙일보〉, 2012.02.27.
4. 임유, "가늘고 길게~만년부장이 대세…워라밸에 시들해진 승진 열기", 〈한국경제〉, 2020.02.12.

나도 내가
뭘 원하는지

모르겠어

친구 따라 강남 가즈아

"회사에 비전도 없고 매일 뭐 하는지 모르겠어." 갑자기 걸려 온 한 통의 전화. 전 직장 동기의 푸념이 또 시작되었다.

나_____ 어느 회사라도 비전을 줄 수는 없는 것 같아. 내가 비전을 찾아야지 어쩌겠어.

동기_____ 온라인이 대세인데 오프라인 영업밖에 안 해봐서….

나_____ 대세를 떠나서 네가 진짜 하고 싶은 게 뭔지 궁금해.

동기_____ 하아…. 나도 내가 뭘 원하는지 모르겠어.

가장 친했던 동기라서 '영끌'하여 도움이 될 만한 방법을 제안했지만 번번이 듣는 척만 할 뿐 결론은 하나였다. "나도 네가 있는 곳으로 이직하고 싶어. 네가 있으니까!" 친구 따라 강남 간다더니 친구 따라 강남역 근처 회사까지 따라가려는 동기를 보며 마음이 쓰렸다.

1951년 사회심리학자 솔로몬 애쉬는 하나의 실험을 고안했다. 그는 원탁에 실험 참가자 7명을 둘러앉힌 후 그림

두 개를 보여주었다. 왼쪽 그림에는 하나의 직선이, 오른쪽 그림에는 길이가 다른 직선 세 개 A, B, C가 그려져 있었다. 참가자들에게 순서대로 두 그림의 직선 중 길이가 같은 것이 무엇인지 답하도록 하였다.

정답은 누가 봐도 C였다. 그런데 첫 번째 참가자가 진지하게 고민한 후 A라고 답변했고 두 번째 참가자도 마찬가지였다. 놀랍게도 여섯 번째 참가자까지 모두 엉뚱한 답 A를 선택했다. 사실 여섯 명은 애쉬가 섭외한 연기자들이었다. 분명 C가 맞는데도 불구하고 7명 중 6명이 A가 정답이라고 했을 때 과연 마지막 참가자는 뭐라고 답했을까? 수차례 실험을 통해 약 37%가 틀린 답에 동조한다는 사실이 드러났다.[5]

이처럼 집단의 압력을 느껴 자발적으로 자신의 신념을 포기하고 타인의 의견을 따르는 현상을 동조라고 한다. 만일 내가 실험에 참여했다면 예전 광고 문구처럼 '모두가 예스라고 할 때 혼자서 노'라고 할 수 있었을까? 10명 중 약 4명이 아무 이유 없이 친구 따라 강남 간다는 사실이 동기에게 위로가 될지 모르겠지만, 타인에게 결정권을 내어준 삶이 과연 즐거울지 의문이다.

10대에 사춘기를 별 탈 없이 보낸 나는 '부모 말을 들으면 자다가도 떡이 생긴다'라는 말만 믿고 20대까지도 '착한아이병'에 걸린 채 살았다. 부모님 반응에 온몸의 촉수를 세우고 '부모 따라 강남 간다'가 삶의 모토였던 시기였다. 나에게는 생사가 달린 문제였다. 아들 하나만 바라보는 부모님에게 인정받을 때만 존재감을 느꼈으니까.

하지만 서른의 삶이 나를 더이상 착한 아이로만 두지는 않았다. 서른춘기가 찾아오자 착한아이병이 호환 마마보다 무섭다는 것을 느꼈다. 그제야 진정으로 내가 뭘 원하는지 찾기 시작했다. 서른이 되어서야 부모님이 예스라고 할 때 노라고 말할 수 있는 용기의 싹이 고개를 빼꼼 내밀었다.

정신과 전문의 문요한은 우리 사회가 가진 불안으로 생존적 위협을 느끼기 때문에 뒤처지면 안 된다, 살아남아야 한다는 생각이 과잉양육을 낳는다고 말했다. 이로 인해 갈수록 개인은 스스로 선택하고 결정하는 능력이 후퇴된다고 진단했다. 그는 뭘 하고 싶은지 모르겠다고 하는 사람은 본질적으로 자신

5. 누다심, "당신의 심리학 ④ 친구 따라 강남 가는 이유", 〈단대신문〉, 2015.04.04.

에 대한 이해가 부족한 것이라며 자기이해를 위한 네 가지 요소를 제시했다. 자신이 좋아하고 싫어하는 게 무엇인지, 뭘 잘하고 못하는지, 뭐가 더 중요하고 덜 중요한지, 무엇을 알고 모르는지를 파악해야 한다는 것이다.[6]

나는 좋아하는 것과 잘하는 것이 만나는 지점에서 내가 뭘 원하는지 발견할 수 있을 거라 생각했다. 즐겨 보던 오디션 프로그램 〈슈퍼스타K〉, 〈K팝스타〉를 통해 중요한 힌트를 얻었다. 심사위원을 당황하게 하는 출연자들은 대개 좋아하는 것과 잘하는 것을 구별하지 못했다. 좋아하는 것은 자기 안에서 검증하면 되지만 잘하는 것은 반드시 자기 밖에서 검증되어야 한다는 사실을 다시금 일깨워줬다.

우선 나를 잘 아는 지인 30명 리스트를 만들었다. 직장 동료 70%, 친구와 가족 30%로 구성한 자문위원단에 메일을 보내 내가 잘하는 것과 그것이 잘 발휘된 사례가 무엇인지 물어보았다.

6. 김아리, "나도 나를 잘 모르겠다는 이에게", 〈한겨레21〉, 2017.11.16.

○○○ 과장님, 안녕하십니까?
아래와 같은 내용의 숙제를 받았는데 과장님이 떠올라서 이렇게 메일 드립니다.

정기적으로 스스로를 돌아보고 목적 관리를 하고 있는데
최근 직장인을 위한 프로젝트에 참가하여 나 자신을 이해하는 과정을 밟고 있습니다.
그중 하나의 숙제로 나의 강점을 발견하기 위해 가까운 지인과 동료의 피드백을 받아야 합니다.
신뢰하는 지인의 정직하고 의미 있는 피드백이 필요합니다.

두 개의 질문에 진지한 답변을 부탁드립니다.
다음 주 ○일(○요일) 저녁까지는 꼭 필요합니다. 10분만 시간 내셔서 바로 적어주시면 감사하겠습니다.

저를 생각할 때 떠오르는 강점은 무엇일까요?
구체적으로 제가 그 강점을 발휘했던 때는 언제인가요?

귀한 시간 내어주셔서 진심으로 감사드립니다.

— 김현중 올림

요청한 날짜까지 90%의 답장이 왔다. 진심 어린 피드백을 하나씩 살피면서 비슷한 키워드끼리 묶어보았다. 그 결과 의외의 사실을 발견했다. '따뜻한 말과 글을 통해 공감을 잘하며 사람의 마음을 움직이는 사람'이라고 나 자신이 한 문장으로 정리되는 순간, 30여 년 만에 처음으로 직면하는 내 모습이 어색하기 그지없었다. 공대 출신의 유통 영업맨 이미지와 어울리지 않는 수식어 때문인지 운동복에 구두를 신은 것처럼 야릇했다.

서른춘기를 맞은 나는 이렇게도 해보고 저렇게도 해보면서 좋아하는 것과 잘하는 것의 교집합을 찾고 인생의 우선순위를 정리하며 자기비판적 사고로 나를 객관화하는 시간을 보냈다. 그리고 내가 진짜로 원하는 삶은 '나의 깊은 기쁨과 세상의 필요가 만나는 곳'에 있음을 알게 되었다. 나는 따스한 공감으로 사람의 마음을 위로하고 동기부여하는 것을 기뻐하는 사람이다. 동시에 말과 글을 통해 내가 기뻐하는 일을 잘하기도 하는 사람이다. 또한 삶의 우선순위는 온전한 가정을 세우고 깨어진 가정들이 회복되도록 돕는 일에 있다. 나는 그것을 위해 경험하고 학습하며 전문성을 갖추기 위해 노력해야 하는 사람이었다.

나라는 사람이 이렇게 정리되니 구체적인 꿈이 생겼다. 작가로서 사람들의 마음을 터치하며 상처받은 이들이 회복되도록 가정 학교, 인생 학교를 세우는 것이다. 인생에서 처음으로 다른 사람의 생각이 아닌 내면의 목소리에 귀 기울이자 진정한 나의 깊은 기쁨이 선한 영향력을 발휘해 세상의 필요를 채울 수 있음을 발견했다.

자기 존재를 향한 관심

정신건강의학 전문의 정혜신은 지난 30년간 사회 곳곳에서 트라우마 피해자들과 함께해온 거리의 치유자다. 그는 현장에서 다양한 사람들을 만나며 우리가 왜 이렇게 아픈지 알게 되었다고 한다. 원인은 바로 '자기 존재를 향한 관심 결여' 때문이다. 그는 "자기 존재가 집중 받고 주목받은 사람은 설명할 수 없는 안정감을 확보한다"라며 그 안정감이 사람에게 합리적인 사고를 가능케 하는 원동력임을 확인했다. 그래서 제대로 된 내 삶의 시작은 "자기 존재에 주목을 받은 이후부터"라고 정의한다.[7]

미운 세 살 아들 안에는 십이중 인격이 들어서 있는 것 같다. 아들은 하루에도 열두 번씩 다양한 감정 대향연을 벌인다. 원인도 모른 채 갑자기 악쓰며 울기 시작할 때 가장 난감하다. 어르고 달래다가 안 되면 혼내기도 하지만 폭주 기관차처럼 울어대는 아이를 멈추기에는 역부족이다. 구세주처럼 아내가 등장하면 이내 평화가 찾아온다. "우리 선강이, 화가 많이 났구나. 속상해?" BPM 150으로 들썩이던 어깨가 점차 누그러지며 아들이 답한다.

"응, 똑땅해(속상해)."

"속상하구나. 왜 속상했어?"

"아빠가…"

감정을 온전히 받아주자 안정감을 느낀 아들. 악마에서 천사로 변하는 기적이 일어난다.

몇 년 전부터 '관심병'이라는 현대인의 질병이 유행하고 있다. 관심병이란 관심을 받고 싶어 하는 욕구가 지나치게 높은 병적인 상태로 이러한 증세가 있는 사람을 속되게 '관심종자', 줄여서 '관종'이라고 부른다. 팬데믹 시대를 맞이해 개인이 더더욱 고립되고 외로워지면서 관종도 증가하고 있다.

7. 정혜신, 《당신이 옳다》, 해냄, 2018, 45~47쪽

8. 정혜신, 《당신이 옳다》, 해냄, 2018, 40~41쪽

타인에게 관심받고 싶은 마음은 인지상정이다. 문제는 다른 사람의 생각에 너무 많이 신경 쓰느라 정작 내가 뭘 원하는지 모르고 산다는 것이다. 정혜신은 《당신이 옳다》에서 "누구든 내 삶이 나와 멀어질수록 위험해진다"라고 강조한다.

"자기성(自己性)이 소거된 채 부모의 기대나 사회적 역할, 가치 등에 전적으로 기대어 살아가던 사람은 절대적 의존 대상이던 그 부모나 배우자와 이별하거나 절대적인 내 역할이라고 믿어 의심치 않던 일이 없어지거나 그 가치가 빛을 잃을 때 공황발작을 경험할 수 있다. 예견된 수순이다. 공황발작은 곧 심장이 멎어버릴 것 같지만 절대 멎지 않으며, 죽을 것 같은 느낌이 생생하지만 물리적으론 절대 죽지 않는 병이다."[8]

나와 내 삶을 지켜주는 한 가지, 감정

정혜신은 내 삶을 지키기 위한 핵심 요소로 감정을 꼽으며 감정은 내 존재의 핵이고 내 감정은 오로지 나라고 역설한다. 자기 존재에 관심을 두는 것, 자기감정을 긍정하고 온전히 받아들이는 것은 나만이 할 수 있는 특권이다. 혹시 타인에게 나의 특권을 외주화하고 있지는 않은지 그래서 실망하고 상처받고 있지는 않은지 생각해볼 일이다.

자기밖에 모르는 극단적 이기주의 못지않게 타인밖에 모르는 극단적 이타주의도 위험하다. 건강한 나무라야 탐스러운 열매를 맺을 수 있다. 타인에게 기대하고 원했던 것을 내가 먼저 나에게 채워줘야 시들지 않는다. 내가 뭘 원하는지 가만히 내면을 들여다보는 것이 급선무다. 동시에 내 안에 느껴지는 다양한 감정을 차별하지 말고 모든 감정을 옳다고 여기는 마음이 중요하다.

나부터 나 자신에게 공감하며 안정감을 확보하면 마음의 여유가 생기고 합리적으로 행동할 수 있다. 아픈 자신을 돌볼 줄 아는 내가 될 때 비로소 아픈 타인도 돌볼 수 있다. 불안한 사회 속에서 안정적인 개인은 그 존재만으로도 위로와 힘이 된다. 타인의 관심에 목매는 안타까운 관종이 아니라 진정한 나 자신에게 주목하는 건강한 관종이 많아지길.

어떻게

나답게 살 수 있을까

2020년 4월 첫 책을 출간했다. 책과 썩 친하지 않았던 평범한 직장인이 책을 냈다는 소식에 지인들은 적잖이 놀라는 눈치였다. 사실 가장 놀란 사람은 나다. 20대까지만 해도 대한민국 평균 독서량을 늘리는 데 딱히 기여한 적 없었기 때문이다. 지금도 다독가라고는 못하지만 내 인생에 이렇게 책과 가까웠던 적이 있나 싶다.

"베스트셀러 작가 됐으니 이제 회사 때려치우는 거야?"

"4쇄나 찍었다며! 돈 많이 벌었겠다?"

"여기저기서 강연 섭외 들어오고 엄청 유명해지는 거 아니야?"

지인들은 내가 로또 당첨이라도 된 줄 아는 것 같았다. 물론 나도 로또까지는 아니더라도 인생의 반전을 살짝 기대하긴 했다. 치열한 직장에 여유로운 마음으로 휘파람 불며 출근하는 상상, 더 나아가 어느 목가적인 시골 마을에서 전업 작가로 살아가는 상상도 해보았다. 상상은 자유고 심지어 공짜니까.

하지만 나는 책을 쓰고 난 후 직장 생활에 더더욱 충실해야겠다고 느꼈다. 4쇄를 찍으니 총수입으로 한 달 월급 남짓한 인세가 들어왔다. 유명 작가의 형편은 많이 다를 것이다. 내 인생에 글쓰기로 생긴 첫 수입이라 감회가 새로웠지만 출간까지 2년간 공들인 시간을 고려할 때 단순 시급으로 따진 인세는 퍽이나 겸손한 숫자였다. 출판사에서는 출판 업계 불황에 코로나19까지 덮친 상황에서 무명 작가의 첫 책이 기대 이상의 선전을 했다고 평가했지만, 나는 작가로 밥 먹고 살기가 얼마나 어려운지 선명히 알게 되었다.

행복해야 한다는 강박관념

어려운 시국에 직장이 있어 얼마나 감사한지 모른다. 게다가 건강한 가정을 세우고 이끌어갈 수 있도록 부족한 남편을 든든히 지지해주는 아내가 있어 고맙다. 아들 하나, 딸 하나 두 아이의 부모가 될 수 있게 해준 아이들까지 있어 감격스럽다. 꿈꾸던 완벽한 가정을 이루었다. 분에 넘치게 행복하다.

그런데 이상하다. 분명 행복한데, 행복해야 하는데 행복하지 않다. 쥐꼬리만 한 월급은 아니지만 아무래도 외벌이다 보니 신용카드와 마이너스 통장의 무한 루프에 갇혀 한숨만 나온다. 육아에 지친 아내의 초췌한 몰골을 보면 내가 좋은 남편이 아닌 것 같아 마음이 아프다. 재택근무라는 비상체제에서 방에 들어가면 회사원으로, 방에서 나오면 육아빠로 24시간 내내 근무 모드다. 가족과 함께 집에서 보내는 시간이 많아지면 더없이 행복할 줄 알았는데 미운 세 살과 울보 한 살 덕분에 내 영혼은 가출한 상태다. 마음에 마스크를 쓴 것처럼 속이 답답하다.

"우리는 행복해져야 한다고 강박적으로 믿는 문화에서 살고 있습니다. 하지만 삶의 의미를 찾아야 삶이 충만해진다는 사실을 알게 되었습니다."[9]

한 TED 강연을 보다가 내가 행복해야 한다는 강박관념에 빠져 있음을 알았다. 긍정심리학 연구자인 에밀리 에스파하니 스미스는 행복을 좇는 일이 실제로는 사람들을 불행하게 만든다는 사실을 발견하고 행복보다 더 소중한 가치를 찾아 연구하기 시작했다. 각종 석학과 사상가들, 500명 이상의 다양한 인물들을 분석한 결과 나에게 의미 있는 삶을 살아가는 것이 인간에게 가장 중요한 삶의 가치임을 밝혀냈다.

내가 생각하는 행복은 도대체 뭘까? 나만의 정의를

9. TED, "There's more to life than being happy | Emily Esfahani Smith", 2017.9.27.

내려보니 '편안함을 느끼며 만족스러운 상태'인 것 같았다. 소소하고 단순한 일상의 순간들이 떠올랐다. 맛있는 음식을 먹었을 때, 온 가족이 함께 웃으며 즐거울 때, 고된 하루를 마치고 따듯한 이불속에 누웠을 때, 충분히 자고 일어났을 때 나는 행복하다고 느끼고 있었다.

그런데 하루 중 행복하다고 느끼는 시간은 길지 않다. 오히려 일시적이고 찰나적이기까지 하다. 24시간 내내 맛있는 음식을 먹고 웃으며 이불속에 누워 있을 수는 없다. 정신없이 일하고 우는 아이들을 달래며 지친 아내를 안쓰럽게 바라보는 시간이 훨씬 더 길다. 할 일이 많아지면서 편하게 식사를 할 수도 깊이 잘 수도 없다. 결론적으로 양적으로는 행복하지 않다고 느끼는 시간이 대부분이다. 행복은 감정에 가까워서 이성적으로 아무리 행복하다 생각해도 감성적으로 행복하다고 느껴지지 않으면 결국 불행한 거다.

나답게 살기 위한 네 가지 기둥

에밀리 에스파하니 스미스는 저서 《어떻게 나답게 살 것인가》에서 삶의 기준이 행복에 있으면 잘못된 선택을 할 가능성이 크다고 말한다. "행복한 삶은 편안한 삶이라는 결론을 얻었다. 하지만 놀랍게도 행복만 추구하는 일은 이기적 행동에 속한다. 즉 행복을 좇는 사람들은 주는 사람보다는 받는 사람이 되고자 한다." 그는 삶의 기준을 의미에 두어야 한다고 강조한다. "의미 있는 삶을 살면 주는 사람이 되기 쉬우며, 자신과 관계없는 일에 관여하고 기여한다." 그의 연구 결과에 따르면 의미 있는 일은 궁극적으로 더 심오한 형태의 행복에 연결된다고 한다.[10] 얕고 일시적인 즐거움이 아닌 깊고 영속적인 만족을 얻는 것이다.

저자는 나답게 의미 있게 사는 것이 인간을 살아가게 하는 진정한 힘이라고 역설하며 의미 있는 삶을 지탱하는 4가지 기둥을 제시한다. 첫 번째 기둥은 유대감이다. 의미의 가장 중요한 원천인 유대감은 어떤 관계나 집단에 속할 때 생긴다. 코로나 시대를 맞이해 코로나19와 우울감(blue)이 합쳐진 '코로나 블루'라는 신조어가 등장했다. 사회적 거리두기로 인해 유대감이 와해되면서 나타난 일종의 우울증 현상이다. 저자는 내가 먼저 타인에게 따듯한 손길을 내밀면 친밀한 관계를 맺을 수 있고 유대감을 강화할 수 있다고 말한다. "타인에게 관심을 쏟음으로써 우리는 자신은 물론 다른 사람들을 위해 유대감이라는 기둥을 세운다. 자신의 삶 안에서 의미를 찾고 싶다면 우선 사람들에게 다가가야 한다."[11]

두 번째 기둥은 목적이다. 우리는 그 누구도 아닌 내가 해야만 하는 일의 목적에서 나다운 삶의 의미를 발견할 수 있다. 저자는 NASA 청소부의 유명한 일화를 소개한다. 1962년 NASA를 방문한 존 F. 케네디 대통령이 눈에 띄는 한 청소부에게 왜 그렇게 행복하게 청소를 하는지 물었다. 청소부는 "저는 지금 인간의 달 착륙을 돕고 있습니다"라고 답하며 미소지었다.

와튼스쿨 교수 애덤 그랜트는 일터에서 목적을 찾으려면 봉사하는 마음을 가져야 한다는 연구 결과를 발표했다. 신입사원 시절 회사 선배가 직장 생활에서 무엇이 가장 중요한지 물은 적이 있다. 내가 머뭇거리자 선배는 태도라고 알려주었다. 그때는 이해를 못 했는데 시간이 지날수록 진리라는 생각이 든다.

저자 역시 어떤 일을 하느냐가 아닌 어떻게 일을 하느냐가 중요하다고 힘주어 말한다. "자신이 하는 일을 다른 사람을 돕는 기회로 볼 때 우리의 삶과 일은 더 의미가 깊어진다. 우리는 저마다 사람들에게 둘러싸여 지

10. 에밀리 에스파하니 스미스, 《어떻게 나답게 살 것인가》, RHK, 2019, 16~17쪽
11. 에밀리 에스파하니 스미스, 《어떻게 나답게 살 것인가》, RHK, 2019, 95쪽

낸다. 가족 안에서, 공동체에서, 직장에서, 우리는 그들에게 더 나은 삶을 선물할 수 있다. 그것은 모든 사람이 남길 수 있는 유산이다."[12] 얻으려고 하지 않고 내어주는 것, 기대하지 않고 기여하는 것에 목적을 둘 때 우리는 삶의 깊은 의미를 발견하게 될 것이다.

흥미로운 세 번째 기둥은 스토리텔링이다. 누구나 한 번쯤 신뢰할 만한 사람에게 자신의 과거 이야기를 들려준 적이 있을 것이다. 내가 누구이며 어떤 삶을 살았는지에 대한 이야기는 나의 정체성과 깊은 관련이 있다. 그렇게 기억과 경험의 단편들을 모아 하나의 이야기를 만드는 과정에서 우리는 삶을 명확하게 바라볼 수 있다.

스토리텔링을 하면 자기 일을 긍정적 또는 부정적으로 편집하여 말하게 되는데 이때 중요한 것은 내가 그 이야기를 편집하고 방향을 바꿀 수 있다는 사실이다. 저자는 우리가 스토리텔링을 할 때 스스로 의미를 만드는 동시에 타인도 의미를 찾도록 돕는다며 "실제로 이야기는 공기 중으로 뻗어나가 사람들과 연결되면서 세상에 자기 혼자가 아님을 깨닫게 해준다"[13]라고 말한다.

마지막 네 번째 기둥은 초월이다. 한마디로 관점을 바꾸는 것이다. 낯선 곳에 장기간 여행을 가보면 일상의 소중함을 알 듯 병에 걸려 죽을 지경이 되면 삶에 애착을 느끼듯 익숙함에서 벗어날 때 우리는 새로운 관점으로 삶의 의미를 발견하게 된다.

청년 시절 혼자 터키 여행을 다녀온 적이 있다. 팔색조의 매력을 자랑하는 터키는 아시아와 유럽의 문명, 기독교와 이슬람의 문화유산이 공존하며 신비로운 자연경관과 식도락까지 즐길 수 있는 종합 선물 세트 여행지였다.

그중 카파도키아 열기구 투어는 환상 그 자체였다. 태양을 향해 상승하는 열기구에서 일출을 맞으며 카파도키아의 장관에 압도되었다. 자연의 웅장함 앞에 나는 그저 하나의 먼지에 지나지 않았다. 무엇을 위해 그동안 아등바등 살아왔는지 허무해지는 순간이었다. 이런 초월의 힘을 저자는 이렇게 설명한다. "광활하고 불가해한 우주 안에서 나 자신이 작은 점에 불과하다는 사실을 깨달을 때 느끼는 극도의 겸허함은, 역설적이게도 우리 안에 깊고 강한 의미를 가득 채운다."[14]

12. 에밀리 에스파하니 스미스, 《어떻게 나답게 살 것인가》, RHK, 2019, 126쪽
13. 에밀리 에스파하니 스미스, 《어떻게 나답게 살 것인가》, RHK, 2019, 161쪽
14. 에밀리 에스파하니 스미스, 《어떻게 나답게 살 것인가》, RHK, 2019, 172쪽

저자는 많은 사람이 신앙에서 삶의 의미를 찾지만 또 많은 사람은 그러지 않다는 점에 주목했다. 신앙에 기대지 않고 삶의 의미를 찾기 위해 저자는 과학적인 연구를 진행했고 마침내 나답게 살도록 해주는 네 가지 기둥을 발견했다. 그런데 묘한 것은 네 가지 기둥이 신앙생활의 요소들과 닮았다는 것이다.

같은 믿음을 지키려는 사람들이 함께 모여 신앙생활을 하면 자연스레 유대감이 생긴다. 또한 자신이 창조주의 뜻으로 탄생했다고 믿는 신자는 신의 부르심(소명, calling)을 삶의 목적으로 지향하며 살아간다. 신자들은 서로 교제하며 간증을 통해 신이 자신의 삶에 어떻게 개입하고 있는지 스토리텔링한다. 게다가 절대자라는 존재, 천국이라는 전혀 다른 차원의 세계에 대한 믿음은 유한한 나 자신을 초월하도록 돕는다.

물론 저자는 거창한 신앙이 아니더라도 현실 세계 속에서 작지만 확실한, 나만의 의미로 단단하게 사는 법에 대해 말하고 있다. 우리 주변을 따듯하게 만드는 작은 사랑의 실천이 내 삶을 의미 있게 만든다고 주장한다. 노점상에게 인사를 건네고 힘들어하는 직장 동료에게 손을 내미는 일, 자연의 아름다움에 감사하고 사랑하는 사람의 이야기에 집중하는 일

등이다.

지인이 내게 물었다. "넌 돈도 안 되는데 왜 책을 썼냐?" 내가 책을 쓴 계기는 수익 창출에 있지 않았다. 쏟아내지 않고는 견딜 수 없는 내면의 이야기가 쌓이고 쌓여서 마침내 나를 찢고 나왔기 때문이다. 책을 쓰며 내가 겪었던 어려움과 시련, 고민과 갈등의 이야기가 누군가에게는 작은 용기과 위로, 기회와 확신으로 다가가기를 바랐다. 우리는 타인을 통해 나의 문제를 객관화하고 해결의 실마리를 찾을 수 있다. 책을 통해 선한 영향력을 끼치는 것, 내가 책을 쓴 궁극적인 목적이었다. 창작의 과정은 늘 고통을 수반하지만 돈이나 행복보다 의미 있는 가치를 추구하면 나답게 살아가는 깊은 만족을 얻는다. 그래서 나는 지금 두 번째 책도 쓰고 있다.

지금 나는 행복한가? 이 질문이 오히려 나를 불행하게 만든다. 행복이 목표가 된 삶에서는 행복하지 않으면 실패했다고 느끼기 때문이다. 행복은 수많은 감정 중 하나다. 내가 느끼는 모든 감정은 옳다. 편식하면 영양의 불균형이 일어나듯 하나의 감정에 집착하면 건강한 삶에 균열이 생긴다.

나는 질문을 바꿔보기로 했다. 나는 행복할 때도 행복하지 않을 때도 있지만 지금 의미 있는 삶을 살고 있는가? 이렇게 말이다. 네 개의 기둥이 견고하게 받치고 있는 삶은 무너지지 않는다. 촛불이 번져 횃불이 되고 횃불이 번져 산불이 되듯 이제부터 작지만 확실한, 나만의 의미로 단단하게 살아간다면 작은 의미들이 모여 세상을 따스하게 덮을 거라고 믿는다.

부정적인
생각으로

시간을
허비하고 있다면

2019년 초부터 브런치에 글을 써왔다. 브런치에서 제공하는 인사이트 리포트는 꽤 도움이 된다. 독자층 분석을 비롯해 조회 수와 완독률 등 양질의 정보를 제공한다. 수치화된 데이터를 분석하는 것도 의미가 있지만 나는 구독자의 관심이 집약된 댓글을 가장 중요하게 생각한다.

신혼 때 아내와 독일에서 한 달간 살았던 이야기를 브런치에 올리기 시작했을 때였다. 장문의 인상적인 댓글이 달렸다. (느낌을 살리기 위해 원문 그대로 옮긴다.)

"글 잘 읽었습니다 ㅎㅎ 그런데 아버님의 병세가 악화되었는데 저는 당연히 본인이 병간호 하는 게 첫 번째 머리에 떠오르는 옵션일 거라고 생각했는데 첫 번째는 여동생 그리고 두 번째는 전혀 남남인 아내분에게 간병을 맡기려고 하신 건가 싶어서…. 전 또 아내분이 전업주부인 줄 알았는데 심지어 맞벌이 ㅎㅎㅎ…. 뭐 그래도 마지막에는 본인이 간병하기로 한 거에 감사하게 생각해야 하나…. 아무튼 글 잘 읽었습니다. 뭐 80년대생 남자들 그렇게 생각하는 거 그럴 수 있죠 뭐 ㅎㅎ"

고등학교 시절 부모님이 이혼한 이후로 여동생은 아

버지와, 나는 어머니와 살고 있었다. 아버지와는 한 달에 한 번 정도 교류하며 지냈다. 그러던 어느 날 아버지가 건강 문제로 시술을 해야 했는데 당시 심하게 방황하던 여동생에게 아버지 병간호를 맡기자니 불안했다.

현실적으로 내가 버는 수입이 아내보다 많았기 때문에 생활비, 병원비 등을 고려하면 나는 계속 일을 해야 했다. 게다가 아내는 장인어른과 장모님의 일을 도와드리고 있었기 때문에 나보다는 직장의 눈치를 덜 봐도 되는 상황이었다. 하지만 아무리 그래도 아내에게 큰 짐을 떠넘길 수 없다는 생각에 차마 입을 떼지 못했다. 결국 내가 가족 돌봄 휴직 3개월을 신청해 간병인을 자처했고 아버지는 시술 후 빠르게 회복했다. 그렇게 3개월 중 남은 1달간 우리 부부는 독일로 떠날 수 있었다.

이런 배경이 있던 상황이었고 그 상황 중에 썼던 글인데 엉뚱하게 성평등 프레임이 씌워져 불편한 감정과 에둘러 쓴 혐오 표현까지 담긴 댓글이 달린 것이었다. 물론 배경을 자세히 몰랐기에 오해할 수도 있다. 좋게 보면 글을 자세히 읽었기 때문에 조롱과 비난도 할 수 있고 그만큼 본인의 시간을 투자하여 나에게 관심을 준 거라 생각하니 고마운 마음도 들었다. 나는 이렇게 답글을 남겼다.

"미처 생각지 못했는데 그런 관점으로도 볼 수 있다는

것을 배웠습니다. 오해의 소지가 없도록 표현을 고칠 필요가 있다는 생각이 들었습니다. 소중한 의견 감사합니다. 다만 제가 부족하여 짧은 글에 녹여내지 못한 복잡한 상황이 있는 것이니 색안경은 잠시 벗어두셔도 좋을 것 같습니다. 요새 날씨가 좋아서 맨눈으로 보는 세상이 더 아름답거든요.^^"

프로불편러들의 사회

맥락에 상관없이 단어 하나만 꼬투리 잡아 비판을 위한 비판이 횡행하는 정치판, 아무 대안도 없는 투덜거림으로 도배된 SNS 등 사회 곳곳에서 심심찮게 투덜이 스머프들을 볼 수 있다. 우리는 지금 쓸데없는 트집 잡기에만 혈안이 된 '프로불편러'로 몸살을 앓고 있다. 사회 통념상 전혀 문제 될 것이 없는데도 프로불편러는 "나만 불편한 거야?"를 외치며 투덜투덜댄다. 오래전부터 날카로운 비판이라는 착각 속에 불평만 잔뜩 늘어놓는 SNS 친구가 있어 조용히 거리두기 기능을 사용한 적이 있다. 코로나 바이러스처럼 부정적인 생각도 전염성이 높기 때문이다. SNS에서도 거리두기가 필요하다.

물론 우리 안에도 프로불편러가 자리 잡고 있다. '네가

할 수 있는 일이 아니야.' '분명 끔찍한 일이 벌어질 거야.' '너는 특별하지 않아. 좋은 결과를 기대하는 것은 사치야.' 어떤 일을 하려는데 머릿속에서 부정적인 말이 들리는 듯한 경험이 있지 않은가? 《내 머릿속 원숭이 죽이기》의 저자 대니 그레고리는 내면의 성가신 목소리를 '내 머릿속 원숭이'라고 규정하고 원숭이와 싸워 이겨야 한다고 주장한다. 그가 제시하는 가장 강력한 방법은 이것이다. "생각하지 말고 그냥 해라. 행동을 개시해라. 당장."[15]

나는 책 한 권을 쓰기까지 내 머릿속 원숭이와 수없이 싸워야 했다. 원숭이는 끽끽거리며 나를 조롱했다. '네가 책을 쓴다고? 그동안 책은 몇 권이나 읽어봤는데? 주제를 알아야지. 유명한 사람들이나 책을 쓰는 거지 네 책을 누가 사서 볼 것 같아? 끽끽.' 원숭이의 팩트 폭력에 번번이 나는 반박 한 번 제대로 못 해보고 참패했다. 지금은 그 말에 졌지만 언젠가는 반드시 책을 쓰리라 다짐하며 순간 느꼈던 패배감에서 벗어나려 애썼다.

15. 대니 그레고리, 《내 머릿속 원숭이 죽이기》, 매일경제신문사, 2018, 129쪽

그때 나를 끌어당긴 책이 있었다. 《지금 하지 않으면 언제 하겠는가》의 저자 팀 페리스는 기업가정신을 강의하는 세계적인 베스트셀러 작가다. 그는 마흔 번째 생일에 문득 이렇게 계속 살아도 되는지 인생에서 소중한 것들을 놓치고 있지는 않은지 의문이 들었다고 한다. 그래서 세상에서 가장 지혜로운 현자들을 찾아 나섰고 마침내 유발 하라리, 스티븐 핑커, 톰 피터스 등 133명의 현자들에게 답을 얻었다.

이렇게 탄생한 《지금 하지 않으면 언제 하겠는가》에서 하버드대학교 심리학 교수인 스티븐 핑커는 "내가 나를 위하지 않으면 누가 나를 위해줄 것인가? 지금 하지 않으면 언제 할 날이 있겠는가?"라며 인생의 좌우명을 소개한다. 이어 그는 지금의 삶에 집중하는 방법으로 다섯 가지를 당부한다. 첫째, 새로운 주제나 영역, 관심사를 찾을 것. 둘째, 자신의 직관을 따를 것. 셋째, 자기만족에 그치지 말고 더 큰 성취로 확장하는 데 집중할 것. 넷째, 직업의 귀천을 따지지 말고 충실할 것. 다섯째, 세상에 어떤 기여를 할 수 있는지 생각할 것.[16]

또 한 명의 현자 나발 라비칸트는 전 세계 비즈니스맨들이 가장 만나고 싶어 하는 투자자 중 한 명이다. 그는 '삶이란 무엇인가?'라는 질문에 이렇게 답한다. "메멘토 모리, 당신은 반드시 죽는다는 사실을 기억하라." 그는 우리가 혼란스러운 이유를 명확한 답을 찾지 못하기 때문이라고 진단한다. 그래서 인생에서 가장 명확한 답, 즉 언젠가 반드시 죽는다는 사실을 상기할 때 삶은 새로운 방향으로 나아갈 수 있다고 말한다.

그는 메멘토 모리 외에도 깨달은 진리를 하나 더 제시한다. 바로 "나는 아직 내가 원하는 모든 것을 이루지 못했다"라는 생각이 삶의 동력이라는 것이다. 가난했기에 돈을 버는 방법을 알게 되었고 사람들의 신뢰를 잃었기에 독립할 수 있었으며 병에 걸려봤기에 건강에 각별한 관심을 기울이게 되었다는 것이다. 그는 삶이 고통스러운 이유가 모든 것을 이미 이루었거나 모든 것을 끊임없이 회의하고 있기 때문이라고 밝힌다.[17]

이처럼 《지금 하지 않으면 언제 하겠는가》에 등장하는 133명의 현자들은 내 머릿속 원숭이에 대적할 확실한 논리를 제공한다. 간단히 요약하면 이렇다. "소중하게 간직해온 일이 있는가? 꿈꿔온 삶의 방식이 있는가? 그렇다면 지금 시작하라. 지금 하지 않으면 대체 언제

16. 팀 페리스, 《지금 하지 않으면 언제 하겠는가》, 토네이도, 2018, 153~154쪽

17. 팀 페리스, 《지금 하지 않으면 언제 하겠는가》, 토네이도, 2018, 193~194쪽

할 것인가?"[18]

원숭이____ 지금 네가 하는 일도 바쁜데 언제 책을 쓰려고 그래?

나____ 나중에는 바쁘지 않다는 보장이 있어? 지금 하지 않으면 언제 하라고?

원숭이____ 정신 차려! 책을 훨씬 더 많이 읽고 내공을 쌓아야 사람들이 네가 쓴 책을 비웃지 않을 거야.

나____ 만일 내일 내가 죽으면 책을 어떻게 쓸 건데? 부족하면 어때. 평범한 사람이 진솔하게 쓴 책이 오히려 평범한 독자들에게 거부감 없이 다가갈 수도 있잖아.

원숭이____ 괜한 헛수고 하는 거 아니야? 그러다 아무도 책을 읽지 않으면 어쩌려고?

나____ 단 한 사람이라도 내 책을 읽고 위로와 용기를 얻을 수 있다면 만족해. 또 아무도 읽지 않는다고 해도 괜찮아. 내가 계속 성장하면서 더 나아진 책을 꾸준히 쓰면 되잖아.

원숭이____ 그래도!

나____ 그래서! 지금 당장 쓰기 시작할 거야.

마침내 나는 날뛰는 원숭이의 입을 다물게 하는 데 성공했다. 혈투 끝에 생애 첫 책을 전리품으로 쟁취했다. 후회하지 않는 삶을 살기로 결단했을 때 나에게는 결핍으로 인한 간절함이 현재를 사는 동력이 되었다. 지금 이 순간에 집중하자 부정적인 생각으로 허비했던 시간을 되찾을 수 있었다.

프로불편러에게 휘둘리지 않으려면

요즘 세 살짜리 아들이 옛날이야기에 푹 빠져 있다. 특히 당나귀가 등장하는 이야기를 매우 좋아한다. 옛날에 아버지와 아들이 당나귀를 팔러 장에 가고 있었다. 아버지는 앞에서 당나귀 고삐를 잡고 아들은 그 뒤를 따라 걸었다. 주막을 지날 때 장사꾼들이 수군거리는 소리가 들렸다. "저기 멍청한 사람들 좀 봐. 당나귀를 타고 가면 편할 텐데." 그 말에 아버지는 아들을 당나귀 등에 태웠다.

얼마쯤 가다 보니 정자에 노인들이 앉아 있었다. "요즘 젊은것들이란! 아버지는 힘들게 걷고 있는데 아들이란 놈은 편하

18. 팀 페리스, 《지금 하지 않으면 언제 하겠는가》, 토네이도, 2018, 12쪽

게 앉아서 가네." 아버지는 얼른 당나귀 등에 올라탔고 아들을 걷게 했다. 또 얼마쯤 갔을 때였다. 아기를 업은 아낙네들이 빨래터에 모여 있었다. "가여워라. 조그만 아이의 다리가 얼마나 아플까. 매정한 아비 같으니라고!" 이 말을 듣자 아버지는 아들과 함께 당나귀를 타고 갔다.

얼마쯤 갔을까 우물가에 모인 동네 아가씨들이 수다를 떨고 있었다. "조그만 당나귀 위에 두 사람이나 타고 가잖아. 당나귀가 너무 불쌍해. 저렇게 가다간 얼마 안 가서 쓰러질 것 같아." 아버지는 몹시 난감했다. 한참 고민하다 결국 아들과 함께 당나귀를 짊어지고 가기로 했다. 힘이 빠진 아버지와 아들은 다리를 건너다 그만 당나귀를 강물에 빠뜨리고 말았다.

누구나 한 번쯤 들어봤을 이솝우화 〈팔려가는 당나귀〉의 내용이다. 어릴 때는 우유부단한 아버지처럼 팔랑귀가 되지 말라는 교훈을 얻었다. 지금은 수군대는 사람들에게 시선이 쏠린다. 이처럼 내가 하려는 일을 불편하게 여기고 참견하는 프로불편러는 곳곳에 널려 있다. 심지어 내 안에도 도사리고 있을 정도니까.

톨스토이는 소설 《세 가지 질문》에서 내 생에 가장 중요한 시간, 사람, 그리고 일이 무엇인지 묻는다. 그는 세 가지 질문의 답이 바로 '지금'이라고 말한다. 즉 지금 이 순간, 지금 만나는 사람, 그리고 지금 하는 일이다. 나는 어느 날 갑자기 어머니의 죽음을 맞이했다. 전혀 예상하지 못했던 일이다. 사랑하는 사람의 죽음을 통해 비로소 나는 죽음을 직시하게 되었다. 누구나 한번은 죽는데 그 시기는 누구도 알 수 없다는 것. 그래서 살아 있는 현재에 집중하며 오늘을 충실하게 살아내는 것이 얼마나 소중한지 절감했다. 내 삶의 가장 큰 존재였던 어머니를 떠나보낸 상실은 지금의 삶을 지탱하는 용기로 치환되었다.

혹시 지나간 과거 때문에, 아직 오지 않은 미래 때문에 부정적인 생각에 사로잡혀 있는가? 프로불편러는 우리를 과거와 미래에 머물도록 유혹한다. 우리가 긍정적인 영향력을 미칠 수 있는 시간이 오직 지금뿐이기 때문이다. 내 안팎에서 날뛰는 프로불편러를 쓰러뜨릴 수 있는 최고의 무기는 바로 '지금'이라는 한마디다.

남들과
다른 속도로

살아도 괜찮아

사회가 정해놓은 시간의 틀

'어쩌다 서른'이라는 타이틀로 30대의 고민을 다루는 독서 모임을 진행하고 있다. 20대와 30대 남성 독자가 없다는 출판계의 탄식을 증명하듯 30대 여성 참가자가 80% 이상이다. 참가자들의 가장 큰 고민은 결혼이다. (비혼의 시대라고 하는데 '어쩌다 서른'에는 결혼을 희망하는 참가자가 절대다수라 신기하다.)

"이 정도 나이에는 이 정도의 돈은 모았어야 했고 결혼은 진작 했어야 한다는 사회의 속박에서 벗어나고 싶어요. 난 정말 괜찮은데 주변에서 나를 안 괜찮은 사람으로 만드는 분위기가 너무 싫거든요."

한 참가자가 고민을 털어놓자 기다렸다는 듯이 다른 참가자가 배턴을 이어받는다. "며칠 전 부모님이 지인 결혼식에 다녀왔는데 진심으로 부러워하는 모습을 보니 괜한 죄책감이 생겼어요. 나름대로 성실히 살았는데 내가 왜 부모님에게 근심을 끼치는 자식이 되어버린 걸까요?"

결혼 안 하냐며 비수를 꽂는 친척 어른들로 인해 명절이 싫어졌다는 참가자, 짜증 유발 질문을 회피하기 위해 아예 자신은 비혼주의자라고 거짓말까지 한다는 참가자 등등 끝날

줄 모르는 피해 진술이 쏟아졌다.

편견과 차별이 난무하는 사회

한 일간지에서 '일간 이슬아' 발행인 이슬아 작가는 편견과 차별의 언어를 함부로 쓰면 안 된다고 주장했다. 그중 하나가 고아라는 말인데 고아의 한자를 풀이하면 '외로운 아이'라는 뜻이 된다. 고아는 무조건 외롭고 불쌍하다는 인식을 조장할 수 있다. 이슬아는 아동 양육시설에서 자란 지인의 한 맺힌 목소리를 소개했다.

"'부모님 뭐 하시느냐' 다짜고짜 묻지 않는 어른이 많아져야 하고 이력서에 가족관계를 쓰지 않도록 하는 제도가 생겨야 한다. 이 세상에 '불쌍한 아이'는 없다. 부모 없이 자란 자식이라는 굴레를 씌우고 불쌍한 아이를 만들어내는 집요한 어른들이 있고, 정상 가족이라는 틀로 자율적 존재를 가두거나 배제하는 닫힌 사회가 있을 뿐이다."[19]

결혼도 마찬가지다. 남이야 결혼을 하든 말든 오지랖 떨지 않는 어른들이 많아져야 하고 이력서에 결혼 여부를 쓰지 않도록 하는 제도가 생겨야 한다. '비혼'이라는 말도 생겼지만 사회적 인식이 변하지 않고 제도적 장치가 마련되지 않는다면 결혼은 편견과 차별의 언어로 전락할 수 있다. 내 인생은 나만의 속도와 나만의 방식으로 만들어가는 것이다.

이솝우화 '토끼와 거북이' 이야기는 속도보다 태도가 더 중요하다는 교훈을 준다. 과연 현실에서는 어떨까? SBS 예능 프로그램 〈호기심 천국〉에서 실제로 토끼와 거북이 경주 실험을 했는데 놀라운 결과가 나왔다. 현실에서도 거북이가 이긴 것이다. 토끼는 당근의 유혹에도 움직이지 않았고 거북이는 묵묵히 결승선을 통과했다.

태국에서도 같은 실험을 한 적이 있는데 결과는 또다시 거북이의 승리였다. 느리지만 똑바로 나아가 결승선을 통과한 거북이와 달리 토끼는 빠른 속도로 달렸지만 방향을 잃고 경주 코스를 벗어나 실격됐다. "인생은 속도가 아닌 방향"이라는 괴테의 명언이 떠오른다. 아무리 속도가 빨라도 의욕이 없어 움직이지 않거나 산만해서 엉뚱한 방향으로 달린다면 무슨 소용이란 말인가.

19. 이슬아, "[직설]'부모' 말고 '고아' 말고", 〈경향신문〉, 2020.12.29.

경주 중에 잤던 토끼도 잘못이지만 그런 토끼 몰래 지나간 거북이도 떳떳하지 못하다, 토끼를 깨워 함께 갔어야 했다는 어느 대학교 광고 문구가 떠오른다. 경쟁보다 협력이 중요하다는 새로운 관점을 제시하지만 한 가지 의문이 든다. 토끼와 거북이의 잘잘못을 따지기에 앞서 경주 장소의 적합성을 먼저 논의하는 것이 맞지 않을까?

만일 둘 다 바다에서 경주했다면? 또는 토끼는 육지, 거북이는 바다에서 같은 거리를 경주했다면? 이 상황에서의 속도는 절대적인 것이 아니라 상황과 조건에 따라 변하는 상대적인 것이 된다. '제2의 스티븐 호킹'이라 평가받는 세계적인 물리학자 카를로 로벨리는 저서 《시간은 흐르지 않는다》에서 속도의 개념을 이렇게 설명한다.

"물체의 속도는 물체 자체의 성질이 아니다. 다른 물체와의 관계 속에서 맺어진 물체의 성질이다. 달리는 기차 위에서 뛰어다니는 어린아이의 속도는 기차에 대해서는 작은 값(초당 몇 걸음)을 갖고 지상에 대해서는 또 다른 값(시간당 100킬로미터)을 갖는다. 엄마가 아이에게 "가만히 있어!"라고 한다고 해서 아이가 기차 창문으로 뛰어내려 지상과의 관계 속에서 그곳에 멈추어야 하는 것은 아니다. 기차와의 관계 속에서 아이가 멈추어야 한다는 뜻이다. 속도는 다른 물체와의 관련 속에서 한 물체가 갖는 특성이다. 상대적인 양인 것이다."[20]

카를로 로벨리는 또 다른 예를 들어 시간이 흐르는 속도의 상대성을 설명한다. 산에 사는 사람과 평지에 사는 사람 중 누가 빨리 늙을까? 정답은 산에 사는 사람이다. 시간은 중력의 영향으로 산에서는 더 빠르게, 평지에서는 더 느리게 흐르기 때문이다. 이 사실은 누구나 인터넷에서 쉽게 구할 수 있는 정밀 시계로 측정 가능하다고 한다. 시계는 책상 위에 있을 때보다 바닥에 있을 때 솜털만큼 더 느리다는 것이다.

그렇다면 책상과 바닥, 산과 평지 중 어디에서 측정한 시간이 더 정확할까? 카를로 로벨리는 정확한 시간, 즉 절대적인 시간은 존재하지 않는다고 말한다. "서로에 대해 상대적으로 변화하는 시간들일뿐이다. 둘 중 다른 시간에 비해 더 진짜에 가까운 시간은 없다. 두 개의 시간만 있는 것이 아니라 거의 군단을 이룰 정도로 많은 시간이 존재한다. 공간 속의 모든 지점마다 다른 시간이 적용되기 때문이다."

심지어 시간은 물체가

20. 카를로 로벨리, 《시간은 흐르지 않는다》, 쌤앤파커스, 2019, 153쪽

빠르게 움직일수록 더 천천히 흐르는 특징도 있다. 이동하는 제트기에서 초정밀 시계로 측정하여 입증된 바 있다. 이처럼 관찰자의 운동에 따라, 중력에 따라 시간이 흐르는 속도가 달라지는 현상을 '시간 지연'이라고 하는데 시간 지연은 상대성 이론을 바탕으로 한다. 영화 〈인터스텔라〉에서 지구에 있던 딸이 우주여행에서 돌아온 아버지보다 늙어있는 장면을 기억하는가? 이 장면을 가능하게 한 것이 그 유명한 아인슈타인의 상대성 이론이다.

누구나 자기만의 고유한 삶의 시간이 있다

카를로 로벨리는 시간 지연으로 인한 '고유 시간'의 개념을 소개하며 시간이 모든 사람에게 동일하다는 통념을 부숴버린다. "특별한 시계가 특별한 현상 속에서 측정한 시간을 물리학에서는 '고유 시간'이라고 부른다. 모든 시계에는 각자의 고유 시간이 있다. 세상에서 일어나는 모든 현상에도 고유 시간, 고유의 리듬이 있다."[21]

지금까지 나는 이과에 공대 출신임에도 상대성 이론을 외계인이 사는 행성에나 적용되는 법칙처럼 여겼는데 시간의 본질을 다루는 《시간은 흐르지 않는다》를 통해 나만의 고유한 시간이 나의 삶을 이끌어 간다는 충격적인 사실에 흥분했다. 나는 금수저든 흙수저든 누구에게나 평등하게 주어지는 것이 시간이라고 믿었다. 시간 관리를 얼마나 잘하느냐에 따라 인생이 바뀐다는 자기계발서의 주장을 별 의심 없이 수용했다. 그러나 고유 시간을 알게 되자 현타가 왔다. 저마다 다른 시간 속에서 살아가는데 이때는 이것을 해야 하고 저 때는 저것을 해야 한다고 주장하는 것이 어리석게 생각됐다.

이 책이 선사한 또 하나의 충격은 제목처럼 시간은 흐르지 않는다는 개념이다. 나는 과거에서 현재, 현재에서 미래로 흐르는 시간의 방향성을 의심해본 적이 없다. 하지만 카를로 로벨리는 우주에서 과거와 미래의 본질적인 차이는 존재하지 않으며 따라서 현재라는 시간도 없다고 말한다.

현재 시각은 2021년 1월 1일 오전 11시 39분 11초다(새해 복 많이 받으세요). 아니다, 15초다. 아니다, 20초다. 현재 시각을 말하는 도중에 시계 숫자가 끊임없이 바뀌기 때문에 현재는 곧 과거가 되어버린다. 미래도 마찬가지다. "현재 시각에서 3초 후는 미래다"라고 말하는 순간, 미래는 현재가 되고 곧 과거가 된다. 이처럼

21. 카를로 로벨리, 《시간은 흐르지 않는다》, 쌤앤파커스, 2019, 24~25쪽

과거와 현재, 미래는 연결되어 있으며 하나의 덩어리로 존재한다.

카를로 로벨리는 시간이 한 방향으로 흘러가는 것이 아니라 점점 무질서한 상태로 변해가는 것(엔트로피 증가)일 뿐이라고 강조한다. 그런데 이마저도 우리가 세상을 희미하게 바라보기 때문에 발생하는 현상이고 미시적인 관점으로 사물의 상태를 관찰하면 과거와 미래의 차이가 사라진다는 것이다. 이는 트럼프 카드로 쉽게 설명할 수 있다.

트럼프 카드는 색깔, 모양, 숫자가 다른 52장이 한 묶음으로 구성되어 있다. 윗부분의 26장은 모두 빨간색, 아랫부분의 26장은 모두 검은색일 경우 질서 있는 상태라고 할 수 있다(엔트로피가 낮은 상태). 카드를 섞으면 이 질서가 사라진다(엔트로피가 높은 상태). 만일 윗부분의 26장이 모두 빨간색이긴 하지만 모양과 숫자가 뒤죽박죽이라면 이 또한 질서 있는 상태라고 할 수 있을까? 색깔의 관점으로 보면 질서 정연하게 보이지만 모양과 숫자의 관점으로 보면 무질서하게 보인다. 이렇게 세밀하게 해석하면 카드를 뒤섞더라도 그 속에서 질서를 발견할 수 있다. 즉 과거와 미래 모두 질서 정연한 상태에서는 시간의 방향성이 존재할 수 없다는 것이다.

삶에 정해져 있는 속도는 없다

이 책을 통해 인생을 바라보는 중요한 관점을 배웠다. 외국인은 김치를 보고 왜 채소를 썩혀서 먹는지 의아해한다. 늙는다는 것은 관점에 따라 부패하는 과정이 될 수도 숙성되는 과정이 될 수도 있다. 김치는 온도와 장소에 따라 익어가는 속도가 달라진다. 온 우주에서 나는 단 하나뿐인 유일한 존재이듯 우리는 저마다 고유 시간 속에서 살아간다.

누구에게나 보편적으로 흐르는 동일한 시간은 존재하지 않는다. 고유 시간 속에서 나는 현재를 사는 동시에 과거와 미래를 산다. 언젠가 도로에서 '어디를 가려고 그리 빨리 가십니까'라고 적힌 현수막을 본 적이 있다. 빨리 가려다가 저승에 먼저 도착할 수도 있다는 경고 문구다.

미친 듯이 달리는 남의 속도를 부러워해야 할까, 걱정해야 할까? 뒤에서 상향등 켜고 경적 울리면서 나의 속도에 간섭하는 자가 나타나면 잠시 비켜주면 된다. 어디 똥이 무서워서 피하나. 삶에 정해져 있는 속도라는 것은 없다. 나의 속도에 맞는 차선에서 불안해하지 않고 안전하게 목적지까지 완주하면 되는 것이다.

본문에 소개된 책들

《너무 일찍 어른이 될 필요는 없어!》
제이슨 코테키, 트로이목마, 2017

《당신이 옳다》
정혜신, 해냄, 2018

《어떻게 나답게 살 것인가》
에밀리 에스파하니 스미스, RHK, 2019

《내 머릿속 원숭이 죽이기》
대니 그레고리, 매일경제신문사, 2018

《지금 하지 않으면 언제 하겠는가》
팀 페리스, 토네이도, 2018

《시간은 흐르지 않는다》
카를로 로벨리, 쌤앤파커스, 2019

덧붙여 읽으면 좋은 책들

《서른 살엔 미처 몰랐던 것들》
김선경, 걷는나무, 2010

《미움 받을 용기》
고가 후미타케, 기시미 이치로,
인플루엔셜, 2014

《일의 기술》
제프 고인스, 도서출판CUP, 2016

PART 2

30대, 급격히 높아진 삶의 난이도

난 지금 어디로

쉬지 않고 흘러가는가

외길인생과 기로인생

올해 교회 중고등부 교사가 되었다. 출석 교인이 30명쯤 되는 작은 교회라 내가 맡은 반에는 중3과 고2 남학생 두 명뿐이다. 숫자가 적어 부담이 덜할 것 같지만, 학생들의 가족도 모두 교인이고 부모님도 잘 알기 때문에 더욱 신경이 쓰인다.

현직 교사인 지인에게 자문을 구하니 남학생의 경우는 아버지와 상담해야 정확한 정보를 얻는다고 했다. 20년 넘게 한 직장에서 재직 중인 고2 학생의 아버지, 20년 넘게 선교의 길을 걸어온 중3 학생의 아버지 모두 같은 고민을 하고 있었다. 학생들이 한창 공부에 집중해야 하는데 게임에 빠져 걱정이 크다는 것. 신앙 교육과 더불어 공부 습관이 생기도록 지도해달라는 부탁을 받았다.

돌아보면 나도 중고등학교 시절 게임 스타크래프트에 빠져 지낸 경험이 있기에 학생들의 마음을 알 것 같았다. 동시에 아직 우리 아이들은 어리지만, 시간이 지나면 남 일 같지 않겠다는 생각에 아버지들의 고민에도 고개가 끄덕여졌다. 외길 인생의 아버지들과 격변의 일상을 살아가는 학생들의 간극을 어떻게 메울 수 있을지 고민이 되었다.

비대면 예배를 진행하는 상황이라 학생들과 온라인

화상 회의로 만났다. 게임 리그오브레전드(LOL, 롤)의 매력에 빠진 고등학생은 그래픽 디자이너가 되고 싶은데 과연 잘해낼 수 있을지 압박감을 느낀다고 털어놓았다. 예체능은 극소수의 천재를 제외하면 실기에 변별력이 없어 학업 성적이 더욱 중요하기 때문이란다. 다양한 게임을 섭렵했다는 중학생은 진로 탐색 중이며 이제 곧 고등학생이 되기 때문에 공부를 잘하고 싶다고 했다.

게임은 스포츠다

아버지들의 걱정과는 달리 학생들은 진로에 대해 진지하게 고민하고 있었다. 특히 게임밖에 모르는 줄 알았던 학생이 유망한 게임 산업에 비전을 두고 구체적인 계획을 세운 것이 상당히 놀라웠다. 게임은 이제 기성세대가 생각하는 단순한 오락이 아니다. 프리미어리그, 메이저리그처럼 게임은 전 세계인이 즐기는 스포츠가 되었다.

최재붕 교수는 저서 《포노 사피엔스》에서 '올림픽의 8배 시장효과를 증명한 것이 게임 시장'이라고 말했다. 2017년 베이징에서 개최된 '롤드컵(리그오브레전드 월드컵챔피언십)'

결승전의 시청자 수가 8천만 명이었는데 이는 2018 평창 동계올림픽 개막식 시청자 수의 8배에 달하는 숫자였다.[22] 가히 e-스포츠라 부를만하지 않는가?

이 책에 소개된 재미있는 사례가 있다. 한 학생이 2017 롤드컵 결승전을 시청하고 있는데 아버지가 방에 들어와 등짝 스매싱을 날리며 말했다. "이제는 게임을 하다 하다 TV 중계까지 보냐? 도대체 뭐가 되려고 그러냐?" 그러고 나서 아버지는 자연스레 거실에서 TV를 켜고 프리미어리그 축구 경기를 보았다. "롤드컵 결승이랑 축구 경기랑 대체 무슨 차이가 있는 거죠?"[23] 학생은 울분을 터뜨렸다.

저자는 우리나라 프로게이머 최고 연봉이 프로야구 최고 연봉을 앞지른 현실에 주목한다. 우리나라 프로야구 최고 몸값을 자랑하는 이대호 선수의 연봉이 25억 원인데 세계 최고 롤 프로게이머인 페이커(본명: 이상혁)의 연봉은 30억 원이다. 최재붕 교수는 축구, 야구는 건전한 스포츠라 생각하고 게임은 마약이라 여기는 것은 시대착오적이라고 역설한다. 세계 패권을 다투는 미국과 중국은 기회를 포착하고 게임을 스포츠로 발전시키기 위해 투자하지만, 우리나라는

22. 최재붕, 《포노 사피엔스》, 쌤앤파커스, 2019, 152쪽
23. 최재붕, 《포노 사피엔스》, 쌤앤파커스, 2019, 154쪽

위험하다는 이유로 기회조차 막으려고 한다며 탄식한다.

"게임 산업은 팬덤 형성이 생존의 필수입니다. 킬러콘텐츠가 없으면 성공할 수 없는 치열한 경쟁터이죠. 그러니 이 산업의 본질을 잘 이해하면 디지털 소비 문명의 성공 요인을 모두 이해할 수 있습니다. 아이가 한창 게임에 빠져있을 때 그 친밀감을 이용해 인기 게임의 성장 배경, 매출 규모, 단계별 성장 전략, 킬러콘텐츠, 관련 산업, 이벤트 규모, 최고의 게이머 등을 조사하도록 유도하고 이를 학습하게 하세요. 공부하는 데 가장 강력한 자극제는 관심이고 재미입니다."[24]

신인류 포노 사피엔스

'포노 사피엔스'는 2007년 아이폰 탄생 이후 출연한 신인류로서 '스마트폰을 신체의 일부와 같이 사용하는 인류'를 뜻한다. 스마트폰이라는 인공장기를 몸에 항상 지니고 다니기 때문에 오장육부가 아닌 오장칠부 시대가 열렸다는 최재붕 교수의 표현이 흥미롭다. 2020년 우리나라 e커머스 시장 규모는 150조 원으로 민간소비 500조 원 중 30%를 차지한다. 특히 전체 e커머스 시장 중 모바일 커머스 비중이 67.8%에 달한다. 모바일 커머스는 계속해서 성장을 이어가고 있다.[25] 이 추세라면 2022년에 한국은 중국, 미국에 이어 세계 3위 e커머스 강대국이 된다.

로켓배송으로 국내 유통 시장 패러다임을 바꾼 게임 체인저 쿠팡은 2020년에 매출 10조 원을 돌파했다. 쿠팡 창립 10년 만에 쾌거다. 나의 첫 회사는 이랜드였고, 지금 두 번째 회사는 쿠팡이다. 쿠팡으로 이직하고 나는 오프라인 유통에서는 겪지 못한 온라인 유통의 속도와 규모에 놀랐고 고객에 대한 집착에 경탄했다.

로켓배송을 탄생시킨 것은 고객의 목소리였다. 온라인 쇼핑 고객 조사를 통해 크게 2가지 불만 사항이 도출됐는데 하나는 배송 날짜가 정확하지 않아 답답하다는 것, 또 하나는 빠른 배송을 받으려면 특정 제품만 가능하거나 추가 비용이 필요하다는 것이었다. 쿠팡은 하루 만에 배송할 수 있도록 전국에 물류 체인을 만들고 배송 기사를 직접 고용해 서비스 교육을 했다. 이것이 로켓배송 서비스의 시작이다.

2018년 나는 패션 의류 로켓배송 론칭을 위해 신규 팀에 합류했다. 업계에서

24. 최재붕, 《포노 사피엔스》, 쌤앤파커스, 2019, 164쪽
25. 박종렬, "유통업 — 코로나19가 e커머스 성장을 가속화한다", 〈현대차증권〉, 2020.10.13.

는 "생필품이라면 몰라도 패션에 굳이 로켓배송이 필요할까?"라며 쿠팡의 패션 진출에 회의적이었다. 하지만 이미 많은 고객이 로켓배송으로 패션 상품을 검색하고 있었고 데이터는 그런 고객의 마음을 대변하고 있었기에 망설일 필요가 없었다. 사업 초기에는 '퍼스트 펭귄(펭귄 한 마리가 먼저 뛰어들면 나머지 무리가 뒤따라 바다로 들어가는 데서 유래. 선구자 또는 도전자를 뜻하는 관용어)'이 되기를 두려워하는 협력 업체를 설득하는 일이 쉽지 않았다. 데이터를 제시하면서 사업 시뮬레이션을 통해 끊임없이 설득한 결과, 퍼스트 펭귄이 탄생했고 줄줄이 뛰어드는 펭귄들이 생겨났다.

로켓배송은 배송에 대한 고객의 관념을 바꿔놓았다. 이제는 생필품이 아니더라도 하루 만에 상품이 도착하지 않으면 불편하게 느끼는 것이다. 직장인 여성 고객들의 쇼핑 패턴을 보면 이렇다. '퇴근 후 잠들기 전에 누워서 쿠팡 앱으로 쇼핑을 한다. 마음의 드는 옷을 고르고 밤 12시 전에 주문하면 다음 날 상품이 도착한다. 입어보고 마음에 들지 않으면 무료로 반품하는데 집 앞에만 놓아두면 배송 기사가 수거해간다.'

와우클럽 멤버십을 이용하면 훨씬 더 놀라운 경험이 가능하다. 밤 12시 전에 주문하면 다음 날 새벽 7시 전에 상품을 받아볼 수 있다. 온라인을 통해 오프라인보다 더 빠르고 편리한 경험을 하는 것이다. 주문이 폭증할 수밖에 없는 이유다.

"소비자의 데이터를 통해 고객의 심리를 이해하는 힘이 필요합니다. 이때 평소 디지털 문명에서 많은 교감의 경험을 축적한 사람들이 능력을 발휘합니다. 즉, 데이터를 보고 고객의 마음을 읽어내려면 공감 능력이 뛰어나야 하는 것입니다."[26] 《포노 사피엔스》에서 저자는 새로운 시대에 디지털 문명 특성에 대한 이해도와 공감 능력을 갖춘 인재가 필요하다고 강조한다. 모든 권력이 소비자로 이동한 시대에서 소비자의 선택을 받지 못한 기업은 산화된다.

책에서 새롭게 알게 된 사실은 우버, 에어비앤비, 배달의 민족 등 게임 방식으로 만들어진 앱이 폭발적으로 성장했다는 것이다. 게임으로 즐기던 가상현실이 터치 몇 번으로 현실이 되었고 소비자는 다시 현실을 게임처럼 즐긴다. 게임과 스마트폰에 친숙한 세대가 '디지털 문명 세계관'으로 만들어 낸 새로운 세상이다.

26. 최재붕, 《포노 사피엔스》, 쌤앤파커스, 2019, 273쪽

우리나라 기성세대는 게임과 스마트폰 모두 인류를 위협하는 폭발물로 여기며 규제하기 바쁘다. 그들은 새로운 문명을 주도하는 젊은 세대가 자신들의 기득권을 위협한다고 생각한다. 스마트폰 탄생으로 세상의 주인이 60대에서 30대로 바뀐 현실에 동의하지 못하는 것이다. 최재붕 교수는 세계 문명을 생각할 때 아이들에게 이렇게 말할 수 있는 어른이 되어야 한다고 주장한다.

"스마트폰은 앞으로 필수니까 적절하게 잘 사용할 줄 알아야 한다. SNS는 이제 기본 커뮤니케이션 수단이니 어려서부터 활발하게 잘 쓸 줄 알아야 한다. 유튜브는 검색뿐 아니라 직접 방송도 해보고 경험을 많이 쌓아야 한다. 이제 게임은 하나의 스포츠란다. 어려서부터 인기 있는 게임은 좀 배워두고 방송도 볼 줄 알아야 한다."[27]

과연 나는 자녀들에게 어떻게 말할 것인가? 지난 10년간 기득권과 언론이 합작하여 전 국민을 대상으로 세뇌시킨 스마트폰의 부정적 영향이 머릿속을 떠다닌다. 물론 최재붕 교수도 부정적 영향을 인정하며 11세 이전까지는 아이들이 최대한 자연과 교감하고 다양한 체험을 통해 관계의 중요성을 학습해야 한다고 말한다. 다만 입시만을 위한 현 교육 제도 아래 아이들이 공부 기계로 전락하는 것을 막고, 시대적인 흐름 속에서 세계적인 경쟁력을 갖추도록 눈을 열어주자는 것이다.

전 세계 인구의 절반에 가까운 36억 명이 스마트폰을 사용하는 시대다. 불과 10년 만에 일어난 일이다. 앞으로도 디지털 문명사회로 발전하는데 스마트폰이 중추적인 역할을 할 것이다. 미국의 사회철학자 에릭 호퍼는 "사람들은 변화해서 더 좋은 것을 얻으려 하지 않고 더 나쁜 일이 생길까 두려워서 그냥 불만족스러운 삶의 방식을 고수한다"라고 말했다. 안 되는 이유를 찾으면 끝이 없다. 거스를 수 없는 시대의 흐름 속에서 우리는 되는 방법을 찾아야 한다.

'호모 사피엔스'의 어원은 라틴어로 '지혜로운 인간'이라는 뜻이다. 그렇다면 '포노 사피엔스'는 '스마트폰을 쓰는 지혜로운 인간'이라는 뜻이 된다. 스마트폰을 두려워할 것인가, 환대할 것인가? 그것은 어떻게 사용하느냐에 달려있다. 긍정적 기능은 선용하고 부정적 기능은 경계하면서 지혜롭게 사용할 주체는 사람이다. 결국 사람이 답이다.

27. 최재붕, 《포노 사피엔스》, 쌤앤파커스, 2019, 112쪽

힘들어 죽겠네,

나만 이렇게
사는 게 힘든 건가

남의 떡은 언제나 커 보인다

얼마 전 대학 동기 모임에 다녀왔다(2020년 사회적 거리두기 1단계 기간). 열 명이 안 되는 인원이 조촐하게 모였다. 대학 졸업 후 13년 만에 보는 동기도 있었는데 그가 바로 모임의 주인공이었다. 나이가 가장 많은데 취업이 가장 늦었던 그가 공무원 시험에 합격하자 모임에 모습을 드러냈다. 대부분 기혼자인 동기들의 축하가 이어진 후 화제는 자연스레 결혼으로 옮겨갔다.

"형, 이제 열심히 소개팅하고 결혼 준비도 해야겠다."

"안 그래도 소개팅 몇 건 잡혀 있어. 너희는 벌써 애도 낳아서 키우고 있는데 나는 너무 늦은 거 아닌지 모르겠네."

그때 자신의 식당을 모임 장소로 제공한 동기가 잽싸게 한마디 던졌다.

"형! 나는 여기 모인 사람 중에 형이 제일 부러워. 형은 혼자잖아. 그런데 공무원까지 됐어. 나 같으면 평생 혼자 즐기면서 살겠어. 책임질 식구가 없으니 얼마나 자유로워."

"자기는 가게 사장인 데다 이미 결혼하고 애도 있다고 배부른 소리 하는 거 봐. 다 가진 네가 더 부럽다."

참 아이러니했다. 공무원 미혼자는 자영업자 기혼자를

부러워하고 자영업자 기혼자는 공무원 미혼자를 부러워하는 상황이라니. 머릿속에 가수 쿨의 노래 〈결혼을 할 거라면〉이 자동 재생되었다. '혼자서 외로울 땐 결혼이 하고 싶고 결혼을 하고 나면 아기가 갖고 싶고 아기가 생겨나고 세월이 흘러가면 혼자가 부러워진대.' 사실 나도 결혼 전에 똑같이 겪어본 일이었다. 어차피 후회할 것이 결혼이라면 해본 후회를 선호하는 쪽이 미혼자, 안 해본 후회를 선호하는 쪽이 기혼자였다.

인간은 만족을 모르는 존재구나. 언제나, 매번, 항상 남의 떡이 더 커 보인다. 오죽하면 내가 걸린 감기가 남이 걸린 암보다 더 아프다는 말까지 있을까. 내가 처한 현실에서 벗어나길 바라는 간사함이 인간 본성이라는 생각이 든다. 인간은 왜 현재에 만족하지 못하며 사는 걸까?

요즘 힘들어 죽겠다

누가 OECD 국가 중 자살률 1위 아니랄까 봐 '죽겠다'라는 말을 아무렇지 않게 입에 달고 사는 우리나라 사람들. 힘들어 죽겠다, 아파 죽겠다, 불안해 죽겠다는 그나마 덜 어색하다. 좋아 죽겠다, 예뻐 죽겠다, 웃겨 죽겠다는 어떻게 해석해야 할까. 지금까지 좋아서, 예뻐서, 웃겨서 죽었다는 뉴스는 단 한 번도 들어보지 못했는데.

동기 모임에서도 주된 화두 역시 '요즘 힘들어 죽겠다'였다. 30대 삶이 왜 이렇게 변화무쌍하고 버거운지 모르겠다는 것이었다. 삶은 곧 고난이라는 명제가 어디 30대에게만 해당하겠는가. 불과 몇 년 전 20, 30대 사이에 유서 쓰기와 영정 사진 찍기가 유행했다. 'N포 세대'라고 자조하며 삶의 희망마저 포기한 채 죽지 못해 사는 이들이 살지 못해 죽는 순간을 직면하는 것이었다.

한 청년은 "죽음을 떠올리면 당장 눈앞에 놓인 학업, 취업, 인간관계 등과 같은 힘든 삶의 스트레스를 없애고 나를 위로할 수 있었다"라고 말했다. 또 한 청년은 "내 삶의 주인공은 나라는 것을 깨닫고 나를 위한 삶을 살겠다고 결심했다"라고 고백했다.[28] 삶의 문제가 해결된 것도 아닌데 단지 죽음 앞에 섰다는 이유로 청년들은 위로를 받고 용기를 얻었다. 밥 먹고 일하고 사람 만나는 삶의 평범함에 흥미를 잃고 무기력해졌지만, 당연하게 여겼던 일상의 상실 앞에 서자 비로소 삶 자체가 소중하게 와닿은 것이다.

그러고 보면 당연하다는

28. 김민지, "유서쓰고 영정사진찍고… 20대 '붐'까닭은", 〈스냅타임〉, 2018.9.5.

생각이 가장 무섭다. 작년부터 당연했던 모든 것이 당연하지 않은 세상이 되었다. 코로나19로 아플 때만 쓰던 마스크가 당연한 일상복이 되었고 재난 영화에서 보았던 장면이 당연한 일상이 되었다. 반갑게 인사하며 다가오는 사람을 일단 경계하며 거리를 두는 것도 당연해졌다. 초등학교에서는 등교도 드문드문 하는데 친구들끼리 대화도 금지해 친구를 사귀지 못한다고 한다. 나에게는 아파도 당연히 가는 곳이 학교였고 그곳에는 당연히 친구들이 있었는데 지금의 학교는 예전에 당연하게 생각하던 학교가 아니다.

그렇게 생각하면 당연한 것을 당연하지 않게 여기는 것, 즉 일상의 소중함을 느끼고 살아 있음에 감사하는 태도가 삶을 풍성하게 만들어주는 게 아닐까 싶다.

생생한 죽음의 현장에서 느끼는 삶의 의미

몇 년 전 독일 다하우 수용소에 다녀온 적이 있다. 갈비뼈가 살 밖으로 튀어나올 것 같은 몰골, 좁은 침대에 멸치 떼같이 포개진 채 무너진 인권, 아직 숨이 붙어 있는 자는 가스실로 향하고 이미 숨이 끊어진 자는 소각실로 향하는 기막힌 운명.

수용소 곳곳에 전시된 수감자들의 사진이 나치 강제수용소의 참혹한 실상을 고발하고 있었다.

그곳에서 매일 죽음과 직면하며 처절하게 살아남은 수감자가 있다. 그보다 더 깊은 삶의 무게를 말할 자가 있을까? 빅터 프랭클은 저서 《빅터 프랭클의 죽음의 수용소에서》에서 유서 쓰기와 영정사진 찍기로도 체험할 수 없는 생생한 죽음의 현장을 증언한다. 생사를 넘나들며 벌거벗은 실존을 담아낸 이 책은 100명이 넘는 이 시대 현자들이 입을 모아 인생을 바꾼 책으로 꼽을 정도로 반향을 일으켰다.[29]

몸에 난 털조차도 소유하지 못하는 맨몸뚱아리로 빅터 프랭클은 수용소에서 부모와 형제, 아내마저 잃는다. 극한의 상실감 속에서 굶주림과 추위, 혐오와 모멸감을 겪으며 절망의 나락으로 떨어졌지만 그는 결국 살아남았고 인간 존엄성의 승리를 보여주었다. 이것이 어떻게 가능했을까?

그는 "왜 살아야 하는지 아는 사람은 그 어떤 상황도 견딜 수 있다"라는 니체의 말을 인용해 삶에는 살아야 할 이유가 있어야 한다고 역설한다. 수용소에서 인생에 더 이상 기대할 것이 없다고 말한 수감자들은 모두 파멸해버렸기 때문이다. 빅터 프랭클은 우리가 삶

29. 팀 페리스, 《지금 하지 않으면 언제 하겠는가》, 토네이도, 2018, 15쪽

에 무엇을 기대하는지가 아니라 삶이 우리에게 무엇을 기대하는지가 중요하다고 말한다. 삶의 목소리에 귀 기울일 때 우리는 삶이 던지는 과제에 책임을 지고 올바른 행동과 태도로 살아갈 수 있다는 것이다.

삶이 나에게 기대하는 것

과연 삶이 나에게 무엇을 기대할까? 서른 넘어 어느 날 찾아온 의문이 내 심장을 후벼팠다. 5년 전 암이라는 한 글자가 어머니의 60년 인생을 6개월 만에 중단시켰다. 아들 하나만 바라보고 평생 희생하며 살아온 어머니를 그렇게 허무하게 떠나보냈다. 시간이 흘러 나는 알게 되었다. 그동안 내 머릿속에는 온통 어머니가 나에게 무엇을 기대할까로 가득 차 있었다는 것을.

그제야 삶이 내게 어떤 질문을 던지는지 가만히 듣기 시작했다. '누군가의 나'가 아닌 '그대로의 나'에 대해 치열하게 집중했다. 시련 속에서 그동안 삶이 나를 어떻게 이끌어 왔는지 지난 시간을 돌아보았다. 결손 가정에서 보낸 고통의 시간 동안 몸부림치며 빚어낸 내 삶의 진주는 소통이었다. 그리고 삶이 내게 이렇게 묻는 것이 느껴졌다. '소통의 부재로 냉랭한 가정에서 자란 내가 세상에 온기를 불어넣기 위해 할 수 있는 일이 무엇일까?'

삶의 물음에 나는 이런 답을 떠올렸다. 고통스러웠던 나의 삶이 누군가에게 작은 위로가 되고 작은 용기를 줄 수 있다면? 누구에게나 주어지는 삶이라는 보편성 위에 오직 나만이 담아낼 수 있는 경험의 특수성이 더해지니 이야기가 되었고 콘텐츠가 되었다. '따듯한 말과 글로 공감하며 사람의 마음을 움직이는 사람'이 되는 것. 마침내 삶이 내게 던진 과제를 한마디로 정리할 수 있었다.

혹시 사는 게 힘들어 죽겠다고, 인생에 기대할 것이 없다고 낙심하고 있지는 않은가? 빅터 프랭클은 시련이야말로 유일한 과제이자 독자적인 기회라고 정의한다. "만약 어떤 사람이 시련을 겪는 것이 자기 운명이라는 것을 알았다면 그는 그 시련을 자신의 과제, 다른 것과 구별되는 자신만의 유일한 과제로 받아들여야 한다. 시련을 당하는 중에도 자신이 이 세상에서 유일한 단 한 사람이라는 사실에 감사해야 한다. 어느 누구도 그를 시련으로부터 구해낼 수 없고 대신 고통을 짊어질 수도 없다. 그가 자신의 짐을 짊어지는 방식을 결정하는 것은 그에게만 주어진 독자적인 기회이다."[30]

그는 수용소에서 어떤 이는 성자처럼 행동하고 또 어떤 이는 돼지처럼 행동하는 것을 보며, 극한의 고통 속에서 어떤 삶을 선택할 것인지는 철저히 자기 의지에 달려 있다는 깨달음을 얻었다. 유일무이한 존재인 나의 선택이 우주에서 단 하나뿐인 스토리가 되는 것이다. 빅터 프랭클은 "나를 죽이지 못한 것은 나를 더욱 강하게 만들 것이다"라는 니체의 말을 이렇게 재해석했다. "그대의 경험, 이 세상 어떤 권력자도 빼앗지 못하리!"[31]

인간 존재의 처절한 무력감

빅터 프랭클의 통찰과 격려에도 불구하고 스스로 패배자의 길을 택하는 자도 있다. 빅터 프랭클의 삶이 강인한 인간의 한판승이었다면 윈스턴의 삶은 무력한 인간의 KO패였다. 윈스턴은 조지 오웰의 소설 《1984》에 등장하는 주인공이다. '나를 죽이지 못하는 것은 나를 더욱 강하게 만든다'라는 니체의 말을 뒤집으면 '나를 죽일 수 있는 것은 나를 더욱 약하게 만든다'가 된다. 빅 브라더에게 저항의식을 품었던 윈스턴은 감옥에 갇혀 오브라이언에게 처참히 짓밟힌다. 분노했던 윈스턴은 점차 자신의 모든 고통을 손에 쥔 오브라이언에게 애정을 느끼는 지경에 이른다. 고통의 절정은 쥐가 든 상자가 윈스턴 머리에 씌워지는 순간이었다.

사랑하는 사람에 대한 감정, 인간의 속마음만큼은 그 누구도 절대 지배할 수 없다고 굳게 믿었던 윈스턴. 하지만 그는 쥐 앞에서 사랑하는 연인을 배신하고 만다. "줄리아한테 하세요! 줄리아한테! 제게 하지 말고 줄리아한테 하세요! 그 여자한테 무슨 짓을 하든 상관없어요. 얼굴을 갈기갈기 찢어도, 살갗을 벗겨 뼈를 발라내도 말예요. 저는 안 돼요! 줄리아한테 하세요! 저는 안 됩니다!"[32]

절규하는 그를 보며 나는 깊은 패배감을 느꼈다. 후대의 인간에게 남겨줄 유산은 건전한 정신이라고 굳게 믿었던 한 인간이 허무하게 파괴되자 나는 인간 존재의 처절한 무력감에 소름이 끼쳤다. 굴복한 윈스턴은 오브라이언에게 순종하게 되었고 마침내 빅 브라더를 사랑했다.

30. 빅터 프랭클, 《빅터 프랭클의 죽음의 수용소에서》, 청아출판사, 2020, 125쪽
31. 빅터 프랭클, 《빅터 프랭클의 죽음의 수용소에서》, 청아출판사, 2020, 131쪽
32. 조지 오웰, 《1984》, 민음사, 2003, 401~402쪽

악몽에서 깨면 불안감과 안도감이 아련히 뒤섞이듯 《1984》가 픽션이라 찜찜하나마 안심이 된다. 윈스턴이 사랑의 끈을 놓아버리는 순간 그의 삶은 산산이 부서졌다. 빅터 프랭클은 극한의 시련 속에서 인간이 추구해야 할 궁극적이고 가장 숭고한 목표는 사랑이라고 고백했다. 그는 아내의 생사 확인이 안 되는 상황에서도 의연했다. "이 세상 그 어느 것도 내 사랑의 굳건함, 내 생각, 사랑하는 사람의 영상을 방해할 수는 없었다. 사실 그때 아내가 죽었다는 것을 알았더라도 나는 전혀 개의치 않고 아내의 모습을 떠올리는 일에 내 자신을 바쳤을 것이다. 나와 그녀가 나누는 정신적 대화 역시 아주 생생하고 만족스러웠을 것이다."[33]

현재의 나는 어머니를 육신적으로 만날 수 없지만 정신적으로는 가능하다. 아버지는 평생 어머니를 원망하고 욕했지만 그렇다고 어머니를 향한 나의 사랑을 훼방할 수는 없다. 진정한 사랑은 육신을 초월하는 법이니까. 어머니의 죽음을 통해 나는 비로소 삶을 사랑하게 되었다.

어린아이는 하루에 400번

33. 빅터 프랭클, 《빅터 프랭클의 죽음의 수용소에서》, 청아출판사, 2020, 71쪽

큰소리로 웃지만 성인은 겨우 7번 웃는다고 한다. 세 살배기 아들 앞에서 나는 세계 최고의 개그맨이다. 별거 아닌 행동과 표정에도 아들은 깔깔대며 웃는다. 해맑다는 말이 딱 어울리는 미소 천사다. 심지어 울다가도 나의 작은 몸짓에 반응하며 눈은 우는데 입은 웃는 묘한 표정을 짓기도 한다.

아이가 이렇게 웃을 수 있는 이유는 현재에 충실하기 때문이다. 과거를 후회하고 미래를 염려하느라 웃지 못하는 어른과 다르다. 현재에 만족하지 못하는 것은 현재의 시간을 놓치며 살기 때문이다. 나는 현재 감사하고 긍정하며 사랑하고 있는가? 우리는 원래 하루에 400번 큰소리로 웃던 존재라는 것을 잊어서는 안 된다.

나 같은 흙수저도

부자가 될 수 있다

직장인에게 찾아온 현타

2년 전 일이다. 온라인 MD로서 상품 소싱을 위해 어느 영세 업체 대표를 만났다. 대표와 직원 한 명, 총 두 명이 힘겹게 회사를 운영하고 있었다. 2년이 지난 지금 그 업체는 매출이 무려 6배나 성장했다. 사무실을 확장 이전했고 직원 수도 10배가 되었다. 최고급 세단을 뽑은 대표는 연신 "MD님은 정말 은인이에요. 항상 감사해요."라고 말한다.

성공한 대표의 은인이 된 나는 그럼 2년 동안 어떻게 변했을까? 직장인이라면 예상했겠지만 별 차이가 없다. 크게 오른 물가 앞에 연봉 상승 폭은 초라하다. 달라진 점은 아이가 한 명 더 태어나 두 아이의 아빠가 되었다는 것. 기쁨도 크지만 외벌이 가장으로서 책임감도 커졌다.

얼마 전 직장 동료가 한숨을 쉬며 말했다. "난 요즘 뭐 하는지 모르겠어. 백날 열심히 해도 회사랑 업체들만 배부르고 난 맨날 그대로잖아. 하늘에서 돈 좀 안 떨어지나!" 직장인으로서, MD로서 회사와 업체의 수익을 극대화하는 것은 당연한 임무이거늘 아이 셋의 아빠인 동료가 뱉은 푸념에 마냥 웃을 수만은 없었다.

울상이었던 업체 대표를 미소 짓게 만드는 것만큼

MD로서 성취감과 보람을 느끼는 일도 없다. 업체를 성장시키는 과정을 통해 사업을 간접적으로 배울 수 있고 업무 능력도 향상된다. 업체와 MD는 언제나 동고동락하는 공생관계다.

그런데 의문이 든다. 직장 생활을 계속 열심히 하면 서울에 집 사고 좋은 차도 뽑을 수 있을까? 사업하면 90%가 망한다는데 회사에서 존버하는 것이 답일까? 직장인으로서 자녀에게 좋은 교육 환경을 만들어줄 여유가 생길까? 승진하고 직급이 높아질수록 가정에 소홀해지는 선배들처럼 살기는 싫은데 어떻게 해야 할까? 월급쟁이의 노후 대비는 어떻게 해야 할까?

생산자가 되어야 부자가 된다

삐까뻔쩍한 자동차를 보고 현타가 온 또 한 사람이 있었다. 길에서 우연히 슈퍼카 람보르기니를 본 10대 소년은 차주가 20대 중반의 젊은 발명가라는 사실에 충격을 받는다. 부에 대해 생각하는 흔한 관념대로 사람은 평생 일하면서 성실하게 돈을 모아 백발이 될 때쯤 부자가 되고 슈퍼카도 살 수 있다고 믿었기 때문이다. 그러나 소년은 굳이 노인이 될 때까지 기다릴 필요가 없음을 깨달았다. 그리고 젊은 부자들을 연구하기 시작한다.

마침내 소년은 30대에 억만장자가 되었고 "돈은 기하급수적으로 벌어들이는 것"이라는 새로운 부의 개념을 만들어 입증했다. 그 소년이 바로 《부의 추월차선》의 저자 엠제이 드마코이다. 부자가 되는 쉬운 길은 없지만 빠른 길이 있다고 말하는 《부의 추월차선》은 전 세계 유명인들의 입에 오르내리며 경제 지침서의 바이블로 떠올랐고 출간된 지 10년 가까이 되었지만 여전히 많은 사람들이 찾는 스테디셀러가 되었다.

우리나라처럼 돈만 많으면 살기 좋은 나라가 없는데 이상하게도 돈에 대해 드러내고 말하면 속물처럼 취급하는 모순적인 문화가 있다. 사회 전반에 깊이 뿌리내린 유교 문화의 폐해로 아직도 사농공상의 프레임에 갇혀있기 때문 아닐까. 부모님도 내게 돈에 대해 가르쳐준 적이 없었다. 오히려 "우리 피는 사업과 맞지 않는다." "주식은 패가망신의 지름길이다."라며 반경제 교육을 했고 "넌 돈 걱정하지 말고 공부나 열심히 해라." "좋은 대학 가면 성공은 보장된다."라는 말로 경제적 문맹인 나를 방치했다.

부끄러운 고백이지만 서른과 마흔 사이인 지금에서야 경제적 문맹을 탈피해야겠다는 생각이 든다. 그동안은 경제

공부를 등한시해도 나는 속물이 아니라는 생각으로, 가치를 좇으면 물질이 따라온다는 그럴싸한 신념으로 합리화하면 그만이었다. 하지만 최근 자라나는 두 아이를 보며 위기의식을 느꼈다. 전 세계를 장악한 유대인은 어려서부터 부모에게 신앙과 경제를 목숨처럼 여기도록 교육받는다. 과연 나는 자녀에게 무엇을 알려줄 것인가. 자녀에게 알려줄 지식이 나에게 있기는 한 것인가.

엠제이 드마코는 재무적 문맹 상태를 벗어나라고 일침을 가한다. 특히 "돈으로 미숙한 돈 관리 능력을 해결할 수 없는 것처럼 재정 자문가로 재무적 문맹을 해결할 수는 없다"라는 말이 폐부를 찔렀다. 나는 그동안 재무 상담사에게 모든 것을 의존해왔다. 책임과 권리를 회피했다. 두렵고도 귀찮은 마음에 내 인생의 운전대를 타인에게 맡긴 것이다. 그 결과 보험의 종류만 늘어났다.

부를 향한 3가지 길

《부의 추월차선》에서 저자는 부를 향한 3가지 재무 지도를 제시한다. 인도, 서행차선, 추월차선으로 가는 지도가 그것인데 인도는 가난한 사람, 서행차선은 평범한 사람, 추월차선은 부자를 의미한다. 저자는 인도로 걷는 사람을 '라이프스타일의 노예'라고 부르며 내일은 없고 오늘만 사는 사람이라고 정의한다. 쾌락주의에 빠진 이들에게 부의 방정식은 '부 = 소득 + 빚'이다.

젊은 시절에 열심히 인도를 걸었던 탓에 지금 가난할 수밖에 없는 아버지가 떠올랐다. 어린 시절 아버지는 건설 회사 현장 소장이었는데 수입이 꽤 괜찮았던 것 같다. 중국 전통극 변검에서 계속 변하는 가면처럼 아버지의 차가 수시로 바뀌었다. 당시 국산 차 중에 세단에서 SUV까지 타본 차보다 안 타본 차를 세는 것이 빨랐을 정도였다. 순간의 소비에 치중했던 젊은 날의 아버지는 오늘만 사는 감정의 노예나 다름없었다.

서행차선으로 달리는 사람은 내일을 위해 오늘을 희생하는 사람이다. 놀라운 사실은 인도를 걷는 사람에게 어른스러운 책임감이 더해지면 서행차선을 달리는 사람이 된다는 것이다. 평범하고 성실한 이들에게 부의 방정식은 '부 = 직업 + 투자'이다. 저자는 "평범한 것은 생존 경쟁에 놓인 현대판 노예라는 뜻"이라며 영화 〈콘에어〉에서 배우 스티브 부세미가 던진 대사를 인용한다. "50년간 매주 50시간씩 일했는데 이제 그만 꺼지란 말을 들으면 그리고 결국 양로원에 들어가 똥오줌도 못 가리고 죽을 날만 기다려야 한다면, 그거야말로 미친짓 아닐까?"[34]

이 대목에서 직장인이라면 책에 대한 호불호가 갈릴 수 있다. 저자는 직장 생활 자체가 부를 방해하는 죄악인 것처럼 신랄하게 묘사한다. 직장 생활로는 빠르게 부자가 될 수 없고 실제 젊은 부자 중에도 직장인이 없기에 당장 직장을 때려치우라는 식이다. 책의 제목이 《부의 추월차선》이라는 점을 기억한다면 서행차선을 맹렬히 비난하여 추월차선이 돋보이게 하려는 저자의 의도는 알겠다. 하지만 직장 생활도 제대로 해보지 않은 젊은 사업가가 직장 생활을 모욕하는 듯한 말을 하니 부글부글 끓는다. (직장의 쓴맛도 못 본 애송이 같으니라고!) 서행차선을 달리는 내가 현대판 노예라니, 뼈 때리는 말은 어찌나 적확한지 틀린 말보다 더 아프게 가슴을 파고든다. 경제적, 시간적, 공간적 자유를 꿈꾸는 내가 직장 생활을 하며 경제적으로 쪼들리고 시간적으로 쫓기며 공간적으로 묶여있는 것은 사실이니까.

저자가 말하는 추월차선은 부자가 되는 지름길이다. 추월차선을 달리는 사람들에게 부의 방정식은 '부 = 순이익 + 자산의 가치'이다. 저자는 부의 비결이 바로 자산 운용에 있는데 "서행차선과 인도 위의 사람들은 시간이 흐를수록 가치가 감소하는 자산을 사거나 판다"라며 꼬집는다. 자동차, 보트, 전자제품, 명품 옷, IT 기기, 귀금속 등은 사는 순간 감가상각이 작동하는 자산이라는 것이다. 이에 반해 "추월차선을 달리는 사람들은 가치가 증가하는 자산을 사거나 판다"라며 사업체, 브랜드, 현금성 자산, 지적 재산, 라이선스, 발명품, 특허, 부동산을 예로 든다.

근본적인 시스템을 바꿔야 한다

부자가 되는 것이 다이어트와 비슷하다는 생각이 들었다. 보통 사람들은 다이어트가 필요하면 즉흥적이고 감정적으로 달려든다. 흔한 예가 일단 굶는 방법이다. 단기간에 체중이 줄어드는 효과가 있을지 모르지만 그 다음엔 무서운 요요가 기다린다. 가수 겸 작곡가 돈 스파이크는 한 방송에서 "내가 다이어트만 안 했어도 지금 100kg이 되지는 않았을 거다. 80kg일 때 다이어트를 했는데 요요 현상 때문에 살이 더 쪄버렸다"라고 말한 적이 있다. 웃

34. 엠제이 드마코, 《부의 추월차선》, 토트, 2013, 87쪽

픈 이야기에 고개를 끄덕이고 있는 나를 발견했다. 동시에 내가 왜 서행차선을 달리고 있는지, 평생 성실하게 일한 어머니가 왜 항상 돈에 쫓기며 살았는지 단번에 이해가 되었다.

몸짱이 된 사람은 몸의 시스템을 바꾼다. 근력운동으로 근육을 키워 기초대사량을 높이고 유산소 운동과 식이요법을 통해 근본적으로 체질을 개선한다. 부자도 이와 같지 않을까? 근육은 가치 있는 자산을 의미하고 높은 기초대사량은 자산이 벌어다 주는 순이익을 뜻한다. 노동 수익(유산소 운동)과 투자(식이요법)를 통해 다시 자산(근육)을 강화하는 선순환 시스템을 완성하면 부자(몸짱)가 된다. 이 책에서 말하는 대로라면 말이다.

데일 카네기는 "우리가 하는 걱정의 70퍼센트는 돈과 관련된 문제"라고 말했다. 돈 덕분에 많은 문제를 해결할 수 있지만 돈 때문에 많은 문제가 생기기도 한다. 문득 부자가 되기 위해 추월차선을 달리라고 권하는 저자에게 묻고 싶다. 우리는 꼭 부자가 되어야만 할까? 1인당 국민소득이 3천 달러도 안 되는 최빈국 부탄의 행복 지수가 1위인 것은 어떻게 설명할 것인가?

진정한 부자란 어떤 사람인가

저자는 부의 3요소가 '3F', 즉 '가족(Family, 관계), 신체(Fitness, 건강), 자유(Freedom, 선택)'라고 정의하며 이렇게 말한다. "돈은 올바르게 사용할 때 자유를 가져다준다. 자유는 부를 이루는 3요소 중 하나다. 자유로 선택을 살 수 있다. 수많은 가난한 사람들이 과로에 시달리는 중상류층 노동자에 비해 더 행복한 삶을 살고 있다는 뜻이다. 왜냐하면 과로에 시달리는 중상류층 사람들은 자유와 관계와 건강을 잃어버렸기 때문이다. 이건 모두 하기 싫은 일을 한 주에 5일씩 50년 동안 열심히 한 결과다. 돈은 적어도 자유를 누릴 수 있도록 보장해준다. 그리고 이로 인해 부의 다른 요소인 건강과 관계를 지키기가 더 쉬워진다."[35]

그의 말처럼 돈은 올바르게 사용할 때 참된 가치를 창출한다. 자유가 보장되어야 건강과 관계를 지킬 수 있다는 말에 동의한다. 그는 돈을 벌기 위해서는 소비자가 아닌 생산자가 되어야 한다며 여러 가지 방법을 제시하는데 그중 사업은 이타심으로 시작해야 하고, 실행이 아이디어보다 중요하다는 내용이 인상적이었다.

35. 엠제이 드마코, 《부의 추월차선》, 토트, 2013, 70~71쪽

전자는 돈을 좇지 말고 타인의 필요와 곤란함, 문제점과 서비스 결함, 그리고 정서를 좇으며 이타적인 사고로 사업을 해야 성공한다는 뜻이다. 후자는 경쟁이 어디에나 있기에 거창한 아이디어에 집착하지 말고 일단 시작부터하라는 것이다. 기존에 존재하는 사업보다 더 잘하는 것을 목표로 실행하면서 아이디어는 보완해갈 수 있기 때문이다. 흙수저가 부자가 되기 위한 유일한 비법은 세상의 필요를 채우기 위해 실행, 또 실행하는 것뿐이라는 것이 이 책의 핵심이다.

때때로 돈은 자유를 박탈하기도 한다. 수많은 가난한 사람이 과로에 시달리는 중상류층 사람들보다 더 행복하다는 사실을 저자가 인정했듯이 돈을 좇다 보면 돈에 쫓기는 삶이 될 수 있다. "가장 많이 가진 자가 부자가 아니라 더 이상 필요한 것이 없는 사람이 진정한 부자다"라는 말처럼 진정한 부는 자신의 가치관으로 어떻게 정의하느냐에 달려있다.

나는 어머니의 죽음 이후 삶의 가치관이 바뀌었다. 하루에 최소 밥 한 끼는 사랑하는 사람과 마주 앉아 함께 먹을 수 있는 삶을 추구하기 시작했다. 인사고과를 위해 매일 13~14시간씩 내 시간을 회사에 저당 잡힌 인생이 끔찍하다는 것을 비로소 깨달은 것이다. 나는 불필요한 야근을 없애기 위해 업무 시간에 초인적인 집중력을 발휘하려고 노력한다.

가족과 함께 하는 시간이 가장 중요하기 때문이다.

흙수저인 나도 부자가 될 수 있다. 우리나라에서는 부자에 대한 인식이 온전히 긍정적이지만은 않다. 죄를 짓고 감옥에 가 있는 부자들 때문이다. 정당한 방법으로 부를 축적하고 선한 일에 부를 나누는 부자는 존경받아 마땅하다. 우리나라에도 이제는 존경받는 부자가 많아져야 한다. 많이 가진 자가 아닌 많이 나누는 자가 진정한 부자로 인식되는 세상은 정말 살맛나지 않을까.

나 빼고 다하는데,

이제라도 동학개미운동

코스피 3000 시대와 동학개미운동

올해 1월 한국증시에 충격적인 일이 일어났다. 사상 첫 코스피 3000 돌파에 이어 역대 최고치 3200도 뚫었다. 지난해 개인 연간 순매수 금액의 40%에 달하는 국내 주식 26조 원을 개인투자자들이 한 달 만에 사들였다. '동학개미운동'이 새 역사를 쓴 것이다.

1894년 반봉건·반외세 운동인 동학농민운동에 빗댈 정도로 혁명적인 동학개미운동은 2020년 주식 시장에 등장한 신조어다. 코로나19 확산 사태로 기관과 외국인이 국내 주식을 대거 매도했는데 이를 국내 개인투자자들이 매수하면서 '동학개미'의 힘을 보여주었다.

특히 2030 세대의 주식투자 열풍이 거세다. 최근 비바리퍼블리카가 2030 토스 사용자 1093명을 대상으로 설문조사한 결과, 47%가 이미 주식투자 중이고 42%는 앞으로 동학개미가 되겠다고 답했다. 밀레니얼 세대 10명 중 9명이 주식투자를 하거나 할 계획이라고 밝힌 것이다. 투자금 확보를 위해 2030 세대는 영혼까지 끌어모아 투자한다는 '영끌', 빚내서 투자한다는 '빚투'도 마다하지 않는다.

코스피 3000시대, 나 빼고 다하는데 이제라도 동학개미운동에 뛰어들어야 하나? 회사 동료들도, 친구들도 온통 주식 이야기뿐인데 연애 고수들 사이에 낀 모태 솔로처럼 나만 바보가 된 기분이다. 하지만 여전히 두렵다. 실물경제와 간격이 벌어진 금융시장의 거품 붕괴를 우려하는 목소리도 높기 때문이다. 역시 주식은 패가망신의 지름길일까?

나는 금융문맹으로 살지 않기로 했다

주식이라고 하면 먼저 컴퓨터 모니터 앞에 앉은 폐인이 연상된다. 떡진 머리로 줄담배를 피워대며 핏줄 선 눈으로 주식 차트를 응시하다 깊은 한숨과 함께 소주 병나발을 분다. 드라마나 영화에 단골로 등장하는 장면이다. 이에 "주식투자에서 장기투자 말고는 제대로 돈 벌 방법이 없다. 매일 차트만 보고 투자하는 사람은 절대 성공할 수 없다."[36]라고 일침을 놓는 한 남자가 있다.

동학농민운동에 녹두 장군 전봉준이 있었다면 동학개미운동에는 주식 장군 '존봉준'이 있다. 오래전부터 주식투자의 중요성을 강조한 메리츠자산운용 대표 존 리에게 존봉준이라는 별명이 붙여졌다. 시종일관 확고한 금융 철학을 설파하는 그를 스승 삼아 나도 금융문맹에서 탈출하기로 했다.

그는 돈으로부터 자유로운지 아닌지가 부자의 기준이라며 부자가 되려면 반드시 주식투자를 해야 한다고 강조한다. 기업은 계속 돈을 벌려고 노력하기 때문에 주식을 사면 기업이 나의 노후를 위해 일하도록 만드는 효과가 있다는 것이 그의 논리다. 또한 평범한 월급쟁이도 주식을 통해 노동자인 동시에 자본가가 될 수 있고 부자가 될 수 있다고 말한다.

나름 진지하게 주식투자를 하는 주변 지인들에게 물어보면 국내 주식은 재미가 없다며 해외 주식에 투자하라고 입을 모은다. 국내 주식 낙관론을 펴는 존봉준에게 묻고 싶다. 잘나가던 일본도 장기 불황에 허덕이고 있는데 박스권에 갇힌 한국경제 미래에 정말 희망이 있는 걸까? 존 리는 저서《존리의 금융문맹 탈출》에서 다음과 같이 말했다.

"대한민국의 펀더멘털이 안 좋아서가 아닙니다. 단지 사람들의 인식이 이런 상황을 만든 거예요. 따라서 투자자 관점에서 보면, 지금 우리나라를 정말 매력적인 시장이에요. 주식투자를 당연시하는 국민이 늘어나고 정부가 기업의 투명성을 높이는 노력을 게을리하지 않는다면, 국내 기업들의 가치는 향상하게 되고 보다 많은 국민이

36. 존리,《존리의 금융문맹 탈출》, 베가북스, 2020, 86쪽

혜택을 보게 될 것이며 국가경쟁력은 더 튼튼해질 수밖에 없는 선순환이 이루어집니다."[37]

존 리의 존버 투자 전략

위기는 '위험한 기회'라는 말도 있지 않은가. 1997년 IMF 외환위기, 2008년 서브프라임 모기지 금융위기 사태를 겪으며 주식 폭락은 곧 투자 기회임을 학습한 개인투자자들이 코로나19 사태를 맞아 봉기한 것이 동학개미운동의 발단이다. 존 리는 일본에서는 볼 수 없었던 금융시장의 혁명이 일어났다고 평가하며 특히 젊은 세대의 패러다임이 변한 것이 고무적이라 말했다.

하지만 위험한 기회라는 말 속에 도사리고 있는 위험 요소를 제거하지 않으면 위기는 온전한 기회가 될 수 없다. 존 리는 우리나라 주식투자 문화가 투기에 치중되어 있어 카지노와 다를 바 없다며 꼬집는다. "10%나 20% 같은 수익률 달성을 주식투자의 목적으로 삼으면 안 된다. 주식투자란

37. 존리, 《존리의 금융문맹 탈출》, 베가북스, 2020, 67쪽
38. 존리, 《존리의 금융문맹 탈출》, 베가북스, 2020, 74쪽

그저 단기적인 수익을 올리는 것이 아니라, 장기적으로 10배, 20배의 가치를 창출하기 위한 투자 행위다. 다시 말해서 주식투자의 본질은 좋은 기업에 오랫동안 투자하는 것이고, 그렇게 되면 수익률은 저절로 따라오게 되어 있다."[38]

그의 말대로 주식투자는 기업의 동업자가 되는 것이고 기다림의 미학이라는 것도 알겠다. 그렇다면 월급쟁이가 투자금은 어떻게 조달한단 말인가? 또 금융문맹이 투자하기 좋은 기업을 어떻게 구별할 수 있단 말인가?

먼저 투자금 마련에 대해 저자는 사교육비, 자동차, 부동산 등에 들어가는 낭비를 막고 월급의 10~20%를 아껴 여유자금을 만들라고 힘주어 말한다. 대중교통을 이용하고 커피값도 아껴서 투자하라는 것이 그의 지론이다. 그다음 좋은 기업을 구별하기 위해서는 경영진의 전문성, 자질, 도덕성 등이 가장 중요한 기준이 되어야 하며 기업의 영업보고서를 읽어보는 것이 가장 기본적인 방법이라고 소개한다.

저평가된 기업을 찾는 핵심 지표로 PER, PDR, PBR, EV/EBITDA, PEG가 있는데 간단히 설명하면 이렇다.

1. PER(Price Earning Ratio, 주가수익비율) : 기업의 수익성을 기준으로 현재 주식이 싼지 비싼지를 보여

주는 지표

2. PDR(Price to Dream Ratio, 꿈 대비 주가 비율 또는 주당 미래 전망) : 미래가 밝은 '꿈의 기업'인지 판단하는 지표로 현재 실적으로 설명할 수 없는 높은 주가를 정당화한다.
3. PBR(Price to Book Value Ratio, 주가순자산비율) : 기업이 보유한 자산에 비해서 현재 주식이 싼지 비싼지를 보여주는 지표
4. EV/EBITDA(시장가치/세전영업이익) : 투자원금을 회수하는데 걸리는 기간을 나타내는 지표
5. PEG(Price Earnings to Growth, 주가순이익성장비율) : PER을 (보통 5년간의) 이익증가율로 나눈 지표

종합적으로 고려해야겠지만 PER, PBR, EV/EBITDA, PEG는 낮을수록 저평가된 기업이라는 말이 된다. 이 책에 설명된 내용만으로는 충분하지 않아 주식투자 입문의 바이블인 《주식투자 무작정 따라하기》를 보며 공부하고 있다. 기초 공부를 마치는 대로 기업 분석을 통해 아이들에게 주식을 사주려고 한다. 《존 리의 금융문맹 탈출》에 등장하는 유대인 이야기에 충격을 받았고, 미성년자 주식 증여세가 10년간 2천만

원까지 면제된다는 사실을 알았기 때문이다.

미국 인구의 2%에 불과한 유대인이 미국 전체 자산의 20%를 소유하게 된 비결도 조기 경제교육에 있다. 유대인은 13살에 성인식을 하고 부모가 모아준 돈으로 투자하는 법을 배운다. 어려서부터 돈이 일하게 하는 자본주의의 원리를 자연스럽게 익히며 부를 축적하고 경제적 자립을 앞당기는 것이다. 우리나라에 30대 이후에도 경제적 자립을 하지 못하는 '캥거루족'이 36만 명에 육박한다는 현실이 금융문맹 상태의 폐해를 상기시켜준다. (아들아, 딸아! 너희는 아빠처럼 금융문맹으로 크지 않도록 열심히 공부하고 알려줄게!)

사람을 키우듯 기업을 키워야 한다

이 책에서 건진 가장 큰 수확은 13.2~16.5%의 세액 공제 혜택이 있는 연금저축 투자 방법이다. 연금저축에는 해마다 최대 1,800만 원까지 납입 가능하며 세액 공제 혜택은 700만 원(연금저축 펀드 400만 원, IRP 계좌 300만 원)까지 적용된다. 1,800만 원 중 1,100만 원은 세액 공제 혜택이 없지만, 수익에 대한 세금을 55세까지 미룰 수 있는 장점이 있다. 정리하면 연금저축에 납입할 순서는 '①연금저축 펀드 400만 원 ② IRP 계좌 300만 원 ③연금저축 펀드 1,100만 원'이다. 나는 당장 연금저축보험을 연금저축 펀드로 이동시켰다.

생애 처음으로 주체적인 돈 관리를 시작했다는 뿌듯함이 생겼다. 이제 걸으려고 안간힘을 쓰는 둘째 딸과 함께 나도 금융문맹 탈출을 위한 첫걸음을 내디뎠다. 갈 길이 멀다고 조급해지면 안 된다. 정보의 범람 시대에 검증되지 않은 정보는 걸러내고 검증된 정보도 다시 한번 검증해보는 신중함이 필요하다.

존봉준이라고 해서 맹신하는 것 또한 위험하다. 존 리가 대표인 메리츠자산운용의 최근 몇 년간 누적 수익률이 마이너스라는 점을 참고할 필요가 있다. (그는 단기적인 등락은 중요하지 않으며 장기적으로 봐야 한다고 말하지만.) 욕심이 과하면 손실도 과할 수 있다는 사실을 잊지 말아야 한다. 《존 리의 금융문맹 탈출》을 보며 유튜브 강연 내용을 짜깁기하고 큰 글씨와 여백, 일러스트 등으로 페이지 수를 늘려놓은 듯한 책의 편집이 아쉬웠다. 그럼에도 존 리가 금융문맹 탈출을 위해, 대한민국의 건강한 미래를 위해 거시적 관점에서 제시하는 철학에는 분명 울림이 있었다.

한 사람의 인격 형성과 발달을 위해 지속적인 관심과

사랑이 필요하듯 주식투자도 기업을 하나의 인격체로 대하고 성장하도록 꾸준히 지원하는 것이 중요하다는 생각이 들었다. 사회 초년생 때부터 나는 몇 명의 국내외 아동을 후원하고 있다. 후원은 한 방보다 꾸준함이 중요하다. 그들이 성인이 되고 자립할 수 있을 때까지 끊임없이 지원해야만 한다. 그래서 후원은 적은 돈이라도 여유자금으로 장기적 관점에서 시작해야 한다.

"아이 한 명 키우는데 마을 전체가 필요하다"라는 아프리카 속담이 있다. 올바른 투자를 하는 국민이 늘어나는 것도 중요하지만, 기업의 지배구조 개선과 정부의 제도적인 뒷받침이 함께 이루어져야 한다. 그때는 존 리가 말한 대로 국내 기업들의 가치는 향상되고 많은 국민이 혜택을 보며 국가경쟁력은 더 튼튼해지는 선순환이 이루어질 것이다. 그리고 가장 중요한 것, 평범한 사람도 부자가 될 확률이 점점 높아질 것이다.

진짜 어른다운

어른이 되려면

노인은 많고 어른은 적은 사회

지난해 통계청이 '2020 고령자 통계'를 발표했다. 2020년 우리나라 인구 가운데 만 65살 이상 고령자 비중이 전체 16%를 차지했고, 이런 추세라면 2025년에는 초고령화 사회가 된다고 한다.[39] 저출산과 의학기술 발달로 고령화가 가속화하고 있다. 사회적 합의를 통해 노인 돌봄을 위한 법적·제도적 마련이 시급하다.

더 절박한 문제는 우리 사회에 노인은 많으나 어른은 적다는 현실이다. 노인과 어른의 차이는 무엇일까? 국어사전에서 노인은 '나이가 들어 늙은 사람', 어른은 '다 자라서 자기 일에 책임을 질 수 있는 사람'이라고 정의되어 있다.

어른 없는 시대에서 노인이란 '정신은 다 자라지 않은 채로 나이만 들어 늙고 부패한 인간'을 의미한다. 다음 세대를 짓밟으며 자신의 기득권을 공고히 하려 드는 노인은 주변에서도 발견할 수 있다. 이들의 특징은 책임 없는 권리만 주장하며 과거의 영광에 머물러있다는 것이다. 고인 물에서는 썩은 냄새만 날 뿐이다.

그에 반해 어른이란 시

39. 김태민, "5년 뒤, 인구 20%는 65세 이상…'초고령화 사회' 진입", 〈YTN〉, 2020.9.28.

대적 책임을 위해 권리를 내려놓을 정도로 무르익은 존재가 아닐까 생각한다. 아쉽게도 다음 세대가 자신을 밟고 일어서도록 스스로 발판이 되어주고 권리 대신 책임을 삶으로 증명하는 어른은 쉽게 찾아보기 어렵다. 향나무는 자신을 베는 도끼에도 향을 남기는 법이다. 어른이 머물렀던 자리에는 은은한 향기가 서려 있다.

기성 세대를 향한 청년들의 혐오

어쩌다 우리 사회에는 어른이 사라졌을까? 이정옥 문화평론가는 크게 3가지 사건을 원인으로 꼽는다. 1997년 IMF 외환위기와 2010년 전후 멘토 열풍, 2010년 중반의 열정 페이 논란이 그것이다. IMF 사태로 우리는 고용 불안정 속에서 무한 경쟁 사회로 진입하였다. 스펙 쌓기로 피 터지는 경쟁체제에서 청년들은 멘토를 찾기 시작했다. 오래된 지혜를 전승해줄 어른보다 단기간에 취업 성공을 이끌어줄 멘토의 실용적 전문성을 신뢰하게 된 것이다. 멘토 열풍은 어른의 역할을 축소했고 세대갈등을 부추겼다.

그러다 인생 선배라고 믿었던 멘토마저 열정 페이를

종용했다는 사실에 청년들은 분노했다. 스펙 쌓기라는 미명 아래 청년들은 인턴, 수습, 교육생 등의 이름으로 노동력을 착취당했고 열정 페이 논란은 어른 혐오로 확대되었다. '뜰딱'과 '꼰대'라는 표현 속에 어른에 대한 청년 세대의 혐오 정서가 고스란히 녹아있다.

일본의 여성학자 우에노 치즈코는 "젊은 시절에는 이런 세상을 만든 기성세대를 탓하며 살았으나, 나이 들어보니 청년 세대의 항변에 변명할 여지가 없다."라며 "이제 일본은 지속 가능한 삶이 아니라 생존만이 최우선 과제인 사회가 됐다. 이처럼 문제적인 사회를 물려줘서 진심으로 미안하다."라고 참회의 심정을 토로했다.[40]

20대까지만 해도 나는 아무 거리낌 없이 기성세대를 탓할 수 있었다. '88만 원 세대', '단군 이래 처음으로 자식이 부모보다 못사는 세대' 등 우리 세대를 쭈구리로 규정하는 사회와 이런 사회를 만든 기성세대에 분노했다. 그런데 30대가 되어 결혼하고 부모가 되니 정신이 번쩍 든다. 지금까지 만들어진 세상이 기성세대의 탓이라면 앞으로 만들어질 세상은 우리 세대의 탓이 될 터. 아이들이 성장해서 지금 내 나이가 되

40. 이정옥, "[이정옥의 문화톡톡] 어른 없는 시대, '어른'이라는 표상", 〈르몽드디플로마티크〉, 2020.7.27.

었을 때 나는 노인과 어른 중 어디에 더 가까운 사람이 되어있을까? 진짜 어른다운 어른이 되려면 어떻게 해야 할지 막막해지기 시작했다.

진짜 어른이 되려면

진정한 자기계발서 장르를 구축한 저자라고 평가받는 스캇 펙 박사는 평생 '자기 훈육'이 필요하다고 강조한다. 그는 명저 《아직도 가야 할 길》에서 자기 훈육은 "삶의 문제를 해결하기 위해 꼭 필요한 기본적인 도구"라고 강조하며 그것이 필요한 이유를 이렇게 설명한다.

"삶은 고해다. 삶이 힘들다는 것은 문제를 직면하고 해결하는 과정이 고통스럽다는 것을 말한다. 우리들 거의 대부분은 당면한 문제를 두려워하면서 피하려 든다. 문제와 이에 따르는 고통의 감정을 피하려는 이러한 성향이 정신병의 근본 원인이다. 그러므로 우리 자신과 자녀들에게 정신적·영적으로 건강해지는 법을 늘 가르치도록 하자. 고통을 겪는 것은 그만한 가치가 있으며, 문제에 직면하고 그에 따르는 고통을 겪을 필요가 있다는 것을 알게 하자는 뜻이다."[41]

한마디로 자기 훈육이란 삶을 대하는 진지한 태도와 관련 있다. 저자는 자기 훈육을 위한 방법으로 '진리에 대한 헌신'과 '책임 지는 것'을 제시한다. 어떻게 내가 조금 더 나은 인간이 되고, 나이 먹을수록 노인보다 어른에 가까워질 수 있을지에 대한 근본적인 인사이트다.

지도를 고쳐라

먼저 진리에 대한 헌신이라는 자기 훈육 방법에 등장하는 지도의 개념이 인상적이었다. 스캇 펙 박사는 "현실에 대한 우리의 견해는 삶의 영역을 통과하는 데 필요한 지도와 같다"라고 말한다. 정보의 홍수 속에서 진실하고 정확한 지도를 만들려면 새로운 정보들을 흡수하면서 계속 지도를 고치는 수밖에 없다. 그 과정은 내 인식을 바꾸는 고통을 수반하기 때문에 대부분 쉬운 길을 선택한다. "지도를 바꾸려고 노력하기보다는 새로운 현실을 파괴하려 드는 것이다. 슬프게도 이러한 사람은 먼저 세상에 대한 자신의 낡은 견해를 수정하고 고치기보다는 그것을 끝까지 옹

41. M.스캇 펙, 《아직도 가야 할 길》, 율리시즈, 2011, 19~22쪽

호하는 데 훨씬 더 많은 에너지를 쏟아붓는 것이다."[42] 그순간 지도를 고치지 않은 채 늙어버린 사람이 바로 꼰대라는 생각이 들었다. 꼰대는 '라떼는 말이야'를 남발하며 현실에서 도피하여 과거의 영광 속에 숨는다. 급기야 시대가 잘못되었고 요즘 것들이 문제라며 자신의 과거를 소환하여 새로운 현실을 파괴하려 든다.

나이가 들수록 자신의 지도를 끊임없이 점검하고 수정하는 자세가 중요하다. 지도가 진실하고 정확하면 기본적으로 우리의 현재 위치를 알게 될 것이고, 가고 싶은 곳이 정해질 때 그곳에 어떻게 가야 하는지 알게 될 것이기 때문이다. 만약 지도가 잘못되어 있다면 우리는 길을 잃을 것이다.

자기 훈육은 자신을 객관화하려는 노력, 즉 메타인지 향상과 무관하지 않다. 메타인지란 '자신의 인지과정에 대해 생각하여 자신이 아는 것과 모르는 것을 자각하는 것과 스스로 문제점을 찾아내고 해결하며 자신의 학습과정을 조절할 줄 아는 지능과 관련된 인식'을 의미한다. 시대의 물결을 통찰하고 새로운 문화와 기술, 지식과 정보를 끊임없이 흡수하기 위해 자신을 스스로 채찍질한다면 꼰대로 늙는 불상사를 막을 수 있다.

책임을 져라

저자는 또한 자기 훈육을 위해 책임 지는 것을 권고한다. 그는 “내 시간은 내 책임”이라며 내 시간을 내가 어떻게 배정하고 사용하는가는 나한테 달려 있고 오직 나만이 정할 수 있는 문제라고 역설한다. 지도를 고치지 않는 것과 마찬가지로 자신의 행동에 책임지는 것이 어려운 이유는 그 행동의 결과가 가져오는 고통을 피하고 싶기 때문이다. 책임 의식이 없는 사람은 인생의 주도권을 타인에게 내주고 ‘피해자 코스프레’를 하는 웃픈상황을 연출한다.

이에 스캇 펙 박사는 “문제는 부딪쳐서 해결하지 않으면 그대로 남아 있어서 영혼의 성장과 발전에 영원히 장애가 된다”라며 자신의 삶에 책임지는 것만이 자유를 얻는 길이라고 강조한다. “사실 자신의 권한을 버렸기 때문에 무력감을 느끼는 것이다. 언제가 됐든 치유가 되려면, 그들은 성인의 삶이란 온통 개인적 선택과 결정의 연속이라는 것을 알아야만 한다. 완전히 이것을 받아들일 수 있으면 자유로워진다. 이를 받아들이지 않는 한, 그들은 영원히 자신을 희생자라고 느낄 것이다.”[43]

42. M.스캇 펙, 《아직도 가야 할 길》, 율리시즈, 2011, 64쪽

인생은 선택의 연속이다. 아침에 눈뜰 때 조금 더 잘까 말까부터 시작해 어떤 옷을 입고 점심은 무엇을 먹을까, 오늘 무슨 일을 하고 어떤 순서로 할 것인지, 언제 잠자리에 들 것인지에 이르기까지 나의 선택이 반영되지 않은 시간은 단 한 순간도 없다. 그렇게 쌓여온 인생이 지금의 나를 만들었다. 같은 흙수저로 태어났어도 부모를 탓하느라 평생을 낭비하는 사람이 있는가 하면, 현실을 받아들이고 문제 해결을 위해 평생을 노력하는 사람이 있는 것처럼 말이다.

파멸되어도 패배하지 않는 정신

"단지 나는 최근에 운이 없었을 뿐이다. 하지만 누가 알겠나? 어쩌면 오늘은 다를지. 매일매일은 새로운 날이지. 운이 따른다면 더 좋을 테지만 나는 차라리 정확히 할 테다. 그러면 운이 찾아왔을 때 준비가 되어있을 테니."[44] 84일 동안 허탕만 치며 빈 배로 돌아왔던 노인은 희망의 끈을 놓지 않은 채 다시 바다로 나간다. 무언가 심상치 않은 입질을 느낀다. 노인은 온 힘을 실어 줄을 붙잡는다. 물고기의 거센 저항에 노인의 손은 찢기고 피가 흐른다. 희망의 끈으로 연결된 노인과 물고기가 밤낮없이 서로를 당긴 지 며칠이 지났을까. 마침내 노인은 마침내 자신의 배보다 큰 물고기를 잡는다.

하지만 곧 상어 떼가 노인의 물고기를 노리고 덤벼들었다. 노인은 상어 떼와 사투를 벌이지만, 결국 물고기는 뼈만 남는다. "그렇지만 인간은 패배를 위해 만들어지지 않았어. 인간은 파멸당할 수는 있을지언정 패배하지는 않아."[45] 노인을 비웃었던 사람들은 거대한 뼈를 보며 경탄한다. 언제나 노인을 사랑했던 소년은 여전히 노인을 사랑한다.

헤밍웨이는 《노인과 바다》에 그 어떤 상징도 없다고 밝혔지만 나는 노인에게서 얻은 의미를 마음 깊이 새기고 싶다. 노인은 어른으로서 모본이 되었다. 희망을 잃지 않고 미래 지향적으로 현재를 충실히 살아가는 삶의 자세를 보여주었다. 아무도 보지 않는 외로운 싸움을 포기할 이유는 얼마든지 있었지만 노인은 끝까지 자기 자신과 싸웠다. 비록 거대한 물고기는 뼈밖에 남지 않았고 노인의 손은 살이 뜯겨나가고 피가 흐를지라도 노인의 마음속 승리의 정신은 사라지지 않았다. 거대한 뼈는 노인이 소년에게 남겨준 우람한 정신적 유산일 것이다.

43. M.스캇 펙, 《아직도 가야 할 길》, 율리시즈, 2011, 60~61쪽
44. 어니스트 헤밍웨이, 《노인과 바다》, 새움, 2020, 35~36쪽
45. 어니스트 헤밍웨이, 《노인과 바다》, 새움, 2020, 108쪽

소설가 박완서는 “늙음조차도 어떻게 늙느냐에 따라 뒤에 오는 사람에게 그렇게 되고 싶다는 꿈과 희망을 주는 것”이라고 했다. 어쩌다 노인이라는 단어에 혐오 정서가 담긴 시대가 되어버렸지만, 《노인과 바다》를 통해 늙음조차도 위대한 사랑의 표상이 될 수 있다는 것을 배웠다. 결국 진정한 자기 훈육은 본능에 맞서 싸우는 능력이다. 강물을 거슬러 오르는 연어처럼 편하고 쉬운 길을 마다하고 불편하고 어려운 길을 향해 나아가는 것이다. 근육이 찢어지는 상처를 통해 근력이 늘고 심장이 터질듯한 고통을 통해 체력이 향상되듯 진짜 어른다운 어른은 그렇게 완성되어간다.

본문에 소개된 책들

《포노 사피엔스》

최재붕, 쌤앤파커스, 2019

《빅터 프랭클의 죽음의 수용소에서》

빅터 프랭클, 청아출판사, 2020

《부의 추월차선》

엠제이 드마코, 토트, 2013

《존리의 금융문맹 탈출》

존리, 베가북스, 2020

《주식투자 무작정 따라하기》

윤재수, 길벗, 2020

《아직도 가야 할 길》

M.스캇 펙, 율리시즈, 2011

《노인과 바다》

어니스트 헤밍웨이, 새움, 2020

덧붙여 읽으면 좋은 책들

《부자 아빠 가난한 아빠》

로버트 기요사키, 민음인, 2018

《직업으로서의 소설가》

무라카미 하루키, 현대문학, 2016

《인간의 대지 · 젊은이의 편지》

앙투안 드 생텍쥐페리, 범우사, 2001

PART 3

30대,

관계를 새롭게 그려볼 때

어린 시절 부모님은

왜 나한테

그런 상처를 준 걸까

어버이날을 앞두고 아버지를 찾아뵙기 위해 연락을 드렸다가 봉변을 당했다. "하늘 같은 시아버지를 무시하는 며느리 따위 필요 없다!" 둘째 출산 후 연락이 뜸했다는 이유로 아버지는 그동안 헌신했던 아들 내외의 노력까지 도매금으로 넘기려 했다.

'남자가 부엌에 가면 뭐 떨어진다', '나는 아기 똥기저귀 한번 갈아보지 않았다' 등을 훈장처럼 여기는 아버지 세대에게 육아가 얼마나 힘든지 말해봤자 입만 아플 뿐. 물론 내게도 잘못이 있기에 아버지가 서운했을 것이다. 하지만 나는 다짜고짜 욕부터 하는 아버지에게 그만 이성을 잃고 말았다. 지난 36년간 참아온 분노가 화산처럼 폭발했다.

"아버지, 언제까지 권리만 주장하며 남 탓만 하실 거예요! 제가 가장 존경하는 어머니를 아버지는 항상 욕하셨죠. 아버지의 외도로 가정 파탄이 난 것도 전부 어머니 책임이라며 아버지는 언제나 자신을 합리화했어요. 가장이란 가정의 리더이고 책임지는 자리입니다. 전부 아버지 책임이에요. 책임 없는 권위는 쓰레기일 뿐입니다! 정말 진절머리가 나네요. 이제는 제가 가장 사랑하는 아내까지 욕하시네요!"

'하늘 같은 시아버지'라는 시대착오적인 남성 우월주

의와 '무시하는'에 담긴 내로남불식 피해망상, 그리고 나와 한 몸인 아내에게 '며느리 따위'라고 모욕한 권위주의에 구역질이 났다. 1984년생인 나와 1948년생인 아버지 사이에는 36년의 세월이 흐른다. 아버지가 만들어놓은 '속 깊고 착한 아들'이라는 프레임에 스스로 갇힌 나는 단 한 번도 저항하지 못한 채 살아왔다. 어쩌면 아버지의 제왕적 권력에 감히 맞설 엄두가 안 나서 타협한 것일지도 모른다. 아버지의 전체주의 안에서 마치 일제 치하 36년 같았던 시간을 보냈다.

1948년과 1984년에는 어떤 일이?

공교롭게도 1948년에 조지 오웰은 전체주의에 잠식된 36년 후 미래의 모습을 《1984》에 담아냈다. 1948년과 1984년에는 실제 어떤 일이 일어났을까? 1948년에는 우리 현대사의 큰 비극인 4.3 사건이 일어났고 우리 역사상 첫 민주적 선거인 5.10 총선거가 이루어졌다. 미 군정에서 벗어나 새 국호를 '대한민국'으로 확정했지만, 일제의 치안유지법을 계승한 국가보안법이 제정된 해이기도 하다. 이 가운데 아버지가 태어났다.

36년이 지난 1984년에는 미국 LA 하계 올림픽이 개최되었는데 소련 등 사회주의 국가들이 대거 불참하여 반쪽짜리 대회가 되었다. 이에 그치지 않고 소련은 '죽음의 손'이라고도 부르는 지구 최후의 날 기계를 가동하기 시작하여 냉전 시대 긴장을 고조시켰다. 또한, 중국과 영국이 홍콩 반환협정을 체결하여 일국양제 원칙이 확립된 해이기도 하다. 나는 이 시대에 태어났다.

다시 36년이 흐른 2020년, 홍콩 국가보안법 시행으로 미국과 중국 간 신냉전이 더욱 격화되었다. 패권 경쟁으로 새로운 전체주의가 격돌하는 가운데 대한민국 상황은 어떤가? 현재 우리는 위력에 몸살을 앓고 있다. 위력이란 상대를 압도할 만큼의 강력한 힘이다. 명망 높은 사회운동가였던 한 남성이 제왕적 권력으로 음습하게 여성의 인권을 짓밟아왔다는 사실에 전 국민이 충격에 휩싸였다. 한국 사회는 유교 문화 위에 세워진 가부장적 사회구조로 남성 우월주의가 만연해 있다. 위력에 의한 성범죄는 남성 전체주의의 민낯을 드러냈다. 이 속에서 둘째 딸이 탄생했다.

위력은 감시받거나 통제되지 않는 권력이 개인을 감시하고 통제할 때 발생한다. 국가 권력, 이데올로기뿐 아니라 일상생활에서도 CCTV, 휴대전화 위치정보 등 우리를 24시간 지켜보는 눈이 공기처럼 존재한다. 또한 팬데믹 시대를 맞이해 새로운 빅 브라더도 등장했다. 위기대응과 K방역 과정에서 빅데이터를 통한 개개인 추적 관리가 강화되었고 우리는 더욱 치밀한 감시 아래 강력히 통제당하고 있다.

포스트 파시즘 사회

헌법은 대한민국이 민주공화국이라고 공표한다. 그러나 우리는 정치 민주화만 이루어냈을 뿐 여전히 사회·경제·문화 민주화의 과제를 안고 있다. 이를 중앙대 김누리 교수는 '포스트 파시즘 사회'라고 진단했다. 그는 68혁명을 통해 전 세계가 억압에서 해방으로 나아갈 때 우리나라는 역행하며 더욱 강력한 파시즘을 경험했고, 세계적 흐름에서 50년이 뒤진 사회가 되었다고 보았다. 파시즘이 남긴 제도와 의식이 우리 사회의 근간을 이루었기에 지금에서야 미투, 페미니즘, 혐오 등의 현상들이 불거져 나왔다는 것이다.

국가의 백년지대계인 교육은 어떤가? 비참하게도 지난 100년간 우리나라에서는 반교육적인 형태로 전체주의적 교육이 자행되었다. 일제강점기에는 황국신민 양성, 독재 정권 시절에는 반공 투사와 산업 역군 양성이 교육의 목표였다. 민주 정부가 들어선 이후에는 인적자원 개발이 최우선이었다.[46]

가정에서는 일제 군국주의 교육을 받은 조부모 세대가 부모 세대를 교육했고, 독재 정권의 파시즘 교육을 받은 부모 세대가 다시 우리 세대를 교육했다. 우리 세대는 부모 세대의 대물림된 전체주의 교육 아래 인적자원으로 키워졌고, 지금은 모든 걸 포기하는 N포 세대가 되어버렸다.

부모 전체주의의 폐해

부모의 세계관이 어린 자녀에게 미치는 영향력은 상상을 초월한다. 부모의 독재적 권력은 '부모 전체주의'를 초래한다. 어린 아들에게 특히 아버지의 존재는 절대적이다. 나의 아버지 눈에 비친 세상은 비극이었다. 그의 언어와 행동은 온갖 비난과 폭력의 집합체였다. '니 할애비 때문에', '니 엄마 때문에'로 시작하는 단골 멘트는 아버지가 저질렀던 폭력과 위법, 외도로 인한 가정 파탄 등을 모두 합리화시키는 마법의 가루였

46. 남궁소정, "김누리 "한국은 미국 모방한 약탈적 자본주의에서 벗어나야"", 〈UPI뉴스〉, 2020.05.17.

다. 끊임없이 원망의 대상을 찾아 타인을 부정해야만 자신의 존재가 부정당하지 않는다고 믿는 것 같았다.

하지만 아버지는 자녀만큼은 초긍정했다. 자신의 한을 풀어줄 유일한 통제의 대상이었기 때문이다. 타인에게는 끔찍한 공격을 퍼붓는 아버지가 나한테 만큼은 끔찍한 애정을 퍼부었다. 나는 혼란스러웠다. 자상한 아버지인 동시에 추악한 남편의 두 얼굴을 가진 존재를 긍정하면서도 부정하고 싶었다.

'부모에게 인정받지 못한 자식은 반드시 망한다.' 책임은 없고 권위만 내세우는 아버지가 던지는 전체주의적 메시지에 나는 세뇌당했다. 동시에 타인을 향한 아버지의 분노가 혹시 나를 향하면 어찌 될지 두려웠다. 그렇게 나는 저항의 살얼음판 위를 살금살금 걷는 순종적인 아들로 자랐다. 부모 전체주의는 자녀의 존재를 부모의 아바타로 전락시킨다. 결국, 자녀는 사도세자처럼 부모의 이기심이라는 뒤주 속에 갇혀 질식한다.

아버지는 빅 브라더처럼 가정을 이루고 두 아이의 아빠가 된 나를 여전히 통제하려 했다. 피해망상과 자격지심으

47. 흑묘, "[마감책읽기] [11-4] 한국의 교육은 Anti교육, 벗어날 수 있을까?(feat.차이나는클라스)", 2020.03.06.

로 아버지는 나의 아내마저 원망의 대상으로 삼았다. 이미 가정을 파탄 낸 아버지가 나의 가정마저 파괴하려 든다는 생각이 들자 심연의 저항의식이 36년 동안 단단해진 얼음판을 뚫고 솟구쳤다. 나는 더 이상 아바타가 아니었다. 아버지에게 종속된 정체성에서 벗어나 나는 나로서 정체성을 확립하기 시작했다. 비로소 통제의 바다에 빠져도 죽지 않고 유유히 헤엄칠 수 있는 나를 발견했다.

독일에서는 2차대전 이후, 나치즘 같은 전체주의 사상에 저항력을 키우기 위해 주체적으로 사고하는 교육을 중시해왔다. 첫 수업 시간에 독일 선생은 학생들에게 이렇게 저항 교육을 한다고 한다. "너희들은 앞으로 나의 교육내용과 교육방식에도 비판적인 사고로 받아들여야 한다."[47] 주입식으로 전체주의적 교육을 자행하는 우리나라와는 명확히 대조되는 모습이다.

쥐와 죄

윈스턴은 오브라이언에게 잡혀 갖은 고문을 당한다. 빅 브라더에게 저항하며 끝까지 버텼던 그는 너무나 허망하게도 쥐 때문에 굴복한다. 쥐가 든 상자가 그의 머리에 씌워졌기 때문이다. 인간의 마지막 희망을 좌절시킨 주체가 왜 하필 쥐였을까? 나는 쥐가 상징하는 것이 '죄'라고 보았다. 쥐와 죄는 인간을 병들게 하고 주변을 오염시킨다.

14세기 중기 전 유럽을 잠식했던 페스트의 주요 감염원은 쥐였다. 흑사병이라고도 불렸던 이 병으로 인해 당시 유럽 인구가 오분의 일로 줄어들었다. 인간의 죄는 어땠는가. 홀로코스트로 당시 유럽에 살고 있던 유대인들 가운데 절반이 넘는 600만 명이 학살당했다. 쥐와 죄는 글자 모양도 묘하게 비슷하다. 좁은 틈으로 파고드는 것도 기가 막히게 닮았다. 조지 오웰은 끔찍한 쥐를 통해 비참한 죄의 속성을 밝히고자 한 것은 아닐까?

가정에서 자녀의 인권을 짓밟는 부모 전체주의의 죄는 어떤가. 사랑을 빙자한 부모의 감시와 통제가 위력이 되어 자녀의 숨통을 조인다. "엄마! 숨을 못 쉬겠어요." 가방에 갇혀 고통을 호소하는 9살 의붓아들을 향해 계모는 가방 위에 올라가 날뛰고 가방 속에 뜨거운 헤어드라이어 바람을 넣었다. 지난해 6월 천안에서 벌어진 참극이었다.

이런 살인 행위를 계모는 "훈육이었다"라고 주장했다. 살인 현장에는 계모의 두 친자녀가 있었다. 의붓아들에게는 죽는 법을, 친자녀에게는 죽이는 법을 가르치는 게 훈육이라고? 도대체 누가 누구를 훈육한단 말인가! 가뜩이나 코로나19로 육체적으로 숨쉬기도 불편한 요즘, 소외된 인권 말살 소식들에 마음 깊은 곳의 숨구멍이 턱 막히는 것 같다. 보건복지부 통계에 따르면 아동학대 사례 건수는 해마다 늘어 지난해에는 3만 건을 넘어섰다. 지금 이 순간에도 부모의 전체주의적 횡포에 떨며 자유를 박탈당한 아이들이 많다.

전체주의에 지배되지 않으려면

지난해 태어난 딸내미가 36년 후에는 지금의 내 나이가 된다. 그땐 어떤 세상이 펼쳐질까? 위력에 의한 성범죄로 고통받고 국민을 우롱한 지도자 때문에 촛불을 들며 이게 나라냐면서 울분을 토하는 일은 절대로 다시 일어나지 말아야 한다.

"물론 우리 평생에 어떤 것을 변화시킬 수 있으리라고는 생각지 않아. 그러나 여기저기서 일어날 소규모의 저항 운동은 상상할 수 있어. 만약 그 세력이 점점 불어나서 후세에 몇 마디의 기록이라도 남기게 된다면, 우리가 떠난 뒤에라도 다음 세대가 뭔가를 수행할 수 있을 거야."[48]

윈스턴이 말했듯이 전체주의에 잠식되지 않는 개인의 건강한 저항의식만이 유일한 희망이다. 가정은 모든 것의 출발점이다. 부모와 자식 간의 건강한 사랑은 따로 또 같이 성장해가는 성숙한 관계에서 피어난다. 나는 어떤 부모가 될 것인가? 부모는 얕은 입이 아닌 깊은 삶으로 가르치는 것만 자녀에게 남길 수 있다. 시류를 거슬러 오르는 어른다운 삶을 통해서만 자녀에게 건강한 저항의식을 가르칠 수 있는 것이다.

1984년은 이미 지나갔지만, 조지 오웰이 말한 1984년은 현재진행 중이며 미래에도 계속될 것이다. 나는 확신한다. 소설 속 윈스턴은 결국 패배했지만, 그가 지켜내고자 했던 정신은 우리가 사는 이 세상에서 마침내 승리할 것임을.

48. 조지 오웰, 《1984》, 민음사, 2003, 221쪽

N포 세대,

사랑까지 포기할 수는 없잖아

"미안해."

"뭐가 미안한데?"

"내가 잘못했어. 정말 미안해."

"그러니까 뭐가 미안한데?"

여자는 팔짱을 끼고 도끼눈을 뜬 채 남자를 쏘아붙인다. 남자는 어쩔 줄 몰라하고 그 모습에 여자는 또다시 화가 난다. "미안해"와 "뭐가 미안한데"라는 말은 서로 꼬리를 물고 뫼비우스의 띠를 이룬다. 서로에게 상처만 남기고 결국 파국을 맞이한다.

남자가 여자에게 가장 듣기 싫어하는 말 중 하나가 바로 "뭐가 미안한데?"라고 한다. 남자는 목표지향적이라 싸늘한 분위기에서 벗어나려는 목적으로 일단 사과부터 한다. 반면에 여자는 관계 지향적이라 남자가 자신의 감정에 먼저 공감해주길 바란다. 남녀의 언어가 다른 이유다.

남자는 정작 무엇을 잘못했는지, 어떤 행동이 분노를 유발했는지 정확히 모르는 경우가 많다. 뭐가 미안한지도 모르면서 "미안해"라는 말만 되풀이하니 말하는 이도 듣는 이도 속이 터질 수밖에. 여자는 사랑하는 관계라면 눈빛만 봐도 통해야 한다고 생각한다. 굳이 속마음을 말하지 않아도 남자가 알아주길 바란다.

과연 말하지 않아도 내 마음을 아는 사람이 있을까? 그런 능력은 점쟁이에게나 있을 뿐이다. 아무리 사랑하는 사이라고 해도 나밖에 알 수 없는 속마음을 상대가 모르는 것이 정상이다. 그러니 공감받고 싶다면 상대에게 어떤 행동이 나에게 상처를 줬고, 나는 지금 어떤 감정을 느끼는지 구체적으로 설명해줘야 한다. (이것은 남녀 모두에게 해당되는 말이다.) 그게 싫다면 점쟁이랑 연애하는 수밖에.

왜 좋은 사람을 못 만날까

'연애와 결혼'이라는 주제로 독서 모임을 한 적이 있는데 30대 참가자들이 다양한 고민 보따리를 풀어놓았다. "미혼 여성은 외로워도 일적으로 괜찮은 척하느라 힘드네요.", "비혼주의가 아닌데 나이를 먹으니 결혼이 자꾸 미뤄지네요. 주변 시선 때문에 압박감이 들어요." 등 하소연으로 시작한 토론은 이내 본질적인 주제를 향해 나아갔다.

"애인이 결혼하자고 하는데 이 사람과 평생 함께해도

될까요?", "어려서부터 행복한 가정을 이루는 것이 꿈이었어요. 어떻게 좋은 사람을 만날 수 있을까요?"라는 질문에 잠시 정적이 흘렀다. 완벽한 상대를 갈망하는 인간 본성이 수면 위로 떠오르자 참가자들의 관심은 하나로 응축되었다. 우리는 왜 좋은 사람은 못 만날까?

계획하지 않았던 여행을 떠나는 비행기 안에서 옆자리에 앉은 여자에게 한눈에 반한 남자가 있다. 그는 여러 비행기 중에 하필 옆자리에 그녀가 앉게 될 확률을 계산한다. 989.727분의 1이라는 놀라운 수치에 우연이라고 생각했던 만남은 필연이 되고 호감은 이내 사랑이 되어버린다.

'낭만적 운명론'에 빠진 연인은 우연에 필연적 의미를 부여해 사랑에 빠진다. 하지만 관계에서 필연적 의미 부여가 점점 힘을 잃고 사라지면 어떻게 될까? 결국 다시 처음의 우연만 남게 된다. 이는 사랑의 종말을 뜻한다.

시간이 지나 낭만적 운명론에서 벗어난 남자는 이렇게 고백한다. "우리가 만나고 못 만나는 것은 결국 우연일 뿐이라고, 989.727분의 1의 확률일 뿐이라고 느끼게 되는 순간은 동시에 그녀와 함께하는 삶의 절대적 필연성을 느끼지 않게 되는 순간, 즉 그녀에 대한 사랑이 끝나는 순간이기도 할 것이다."[49]

소설가 알랭 드 보통은 저서 《왜 나는 너를 사랑하는가》에서 심리학적 해석과 철학적 고찰로 사랑의 메커니즘을 낱낱이 해부했다. 24살에 이 책을 썼다고 하니 그의 천재적인 통찰력에 입이 떡 벌어졌다. 뻔한 연애담이 이토록 신선할 수 있다니! 그가 쓴 사랑 이야기를 읽다가 나는 그를 사랑하게 되었다.

알랭 드 보통은 사랑에 빠지는 것이 곧 "희망이 자기 인식에 승리를 거두는 것"이라고 말한다. "사랑에 빠진다는 것은 희망이 자기 인식에 승리를 거두는 것이다. 우리는 자신에게 있는 것-비겁함, 심약함, 게으름, 부정직, 타협성, 끔찍한 어리석음 같은 것-을 상대에게서 발견하지 않기를 바라면서 사랑에 빠진다."[50]

이러한 낭만주의의 저주 때문에 우리는 좋은 사람을 만나지 못하는 것이다. 알랭 드 보통이 말하는 낭만주의의 저주란 "자신의 결핍을 인식하지 못해 좋은 사람을 놓치고, 완벽한 사랑만을 좇다가 나에게 맞는 사람마저 놓쳐버리는"[51] 것이다. 저자는 나 자신에게 절대 찾을

49. 알랭 드 보통, 《왜 나는 너를 사랑하는가》, 청미래, 2007, 18쪽
50. 알랭 드 보통, 《왜 나는 너를 사랑하는가》, 청미래, 2007, 23~24쪽

수 없는 완벽함을 다른 사람의 얼굴에서 찾을 때 낭만적인 도취가 불러오는 공허에 휩싸인다고 경고한다.

내면 아이의 낭만주의

10년이 넘는 직장 생활에서 나를 가장 힘들게 했던 것은 상사에 대한 높은 기대였다. 리더라면 자신을 희생하여 부하들을 책임져야 한다는 잣대로 완벽하지 못한 상사의 행동을 멋대로 재단했다. 이것은 동시에 나를 향한 올가미가 되었고 스스로에 대한 높은 기대치는 오히려 낮은 자존감을 초래했다.

상사와의 깊은 갈등 때문에 심리 상담까지 받은 적도 있었다. 그 과정에서 나는 누구나 성인이 되어도 어린 시절 상처 때문에 아직 마음속에 자라지 못한 '내면 아이'가 있다는 것을 알게 되었다. 나는 자격 없이 권위만 앞세우는 아버지에게 어린 시절 받은 상처가 치유되지 못한 채 성인이 되었다. 자연스레 내면 아이는 아버지를 대신할 권위 있는 자에게 높은 기대를 걸며 결핍된 부분을 채우려 했다.

가정에서 아버지와의 관계가 사회생활에서 리더와의 관계에 밀접한 영향을 끼친다는 사실에 충격을 받았다. 어린 시절에 방치되었던 트라우마는 성인이 되어 '짜증 나는 드라마'로 재탄생한다. 특히 연인 관계에도 깊은 영향을 미친다.

심리치료 전문가 데이비드 리코는 "완벽한 파트너에 대한 우리의 환상, 바꾸지도 벗어나지도 못하는 관계에 대한 절망, 혹은 관계에서 계속해서 드러나는 갈등은 우리의 충족되지 못한 근본적인 상처와 욕구를 드러낸다. 우리는 우리가 놓쳐버린 것들을 타인으로부터 얻기 위해 애를 쓰고 있는 것이다"라고 말했다.

그렇다면 내면 아이의 결핍은 어떻게 해결할 수 있을까? 데이비드 리코는 "그저 애도하며 놓아 보내는 것뿐이다. 그렇게 해야만 우리는 어른 대 어른으로 관계를 맺을 수 있게 된다."[52] 라고 길을 제시했다. 나는 어린 시절을 회상하며 그 당시 나에게 말을 걸었다.

'현중아, 많이 두렵고 외로웠지? 부모님의 불화는 너의 잘못이 아니야. 너는 정말 훌륭하게 자기 삶을 살아가고 있어. 아버지와 너의 삶은 전혀 달라. 아버지처럼 살면 어떡하지 하는 두려움을 내려놓아도 돼. 너는 너만의 길을 당당히 걸어가면 돼. 넌 잘 해낼 거야.'

51. 책그림, "왜 좋은 사람을 못 만날까? | 인생학교, 알랭 드 보통 | 연애, 사랑", 2017.12.18.
52. 데이비드 리코, 《어떻게 진짜 어른이 되는가》, 자음과모음, 2017, 37쪽

그 당시에 누군가가 내게 이런 말을 해줬다면 얼마나 좋았을까. 한 번도 느껴보지 못한 따스한 위로에 그제야 내면 아이가 안도의 한숨을 내쉬는 듯했다. 부모님이 반면교사가 되어준 덕분에 나는 삶의 최우선 목표를 '좋은 남편 되기'로 정할 수 있었다. 철없던 시절 낭만적 운명론으로 연인을 바라볼 때는 상대의 조건이 가장 중요했다. 여성스러워야 하고 담배는 피우지 않아야 하며 대중교통에서 노약자석에 앉지 않는 사람이어야만 했다. (그 외에도 수만 가지 희망사항이 있었다.)

하지만 얄팍한 내 눈에 보인 상대의 조건은 그저 무지에 가까운 단편적인 정보에 불과했다. 내가 짜 놓은 틀에 맞춰 상대를 구겨 넣으려 하는 폭력성을 사랑이라고 착각해서는 안 된다. 진정한 사랑은 상대의 조건이 아닌 나의 인격으로부터 시작한다. 좋은 사람을 어떻게 만날 수 있을지 고민하기 이전에 내가 먼저 어떻게 좋은 사람이 될지 고민해야 하는 것이다. 좋은 배우자를 만나려면 상대의 조건 30가지를 위해 기도하는 것이 아니라 좋은 배우자가 되기 위해 계발해야 할 나의 인격 30가지를 놓고 기도해야 한다.

53. 알랭 드 보통, 《왜 나는 너를 사랑하는가》, 청미래, 2007, 261쪽

알랭 드 보통은 성숙한 사랑과 미성숙한 사랑의 차이를 이렇게 설명한다. “성숙한 사랑은 절제로 가득하며, 이상화에 저항하며, 질투, 마조히즘, 강박에서 자유로우며, 성적 차원을 갖춘 우정의 한 형태이며, 유쾌하고, 평화롭고, 상호적이다. 반면 미성숙한 사랑은 이상화와 실망 사이의 혼란스러운 비틀거림이며, 환희나 행복의 감정이 익사나 섬뜩한 구토의 인상과 결합되어 있는 불안정한 상태이며, 마침내 답을 찾았다는 느낌이 이렇게 헤맨 적이 없다는 느낌과 공존하는 상태이다.”[53]

낭만주의의 저주에서 벗어나려면

우리 부부는 결혼기념일마다 지난 1년을 돌아보는 시간을 갖는다. 결혼 1주년 기념일에 아내가 한 말을 아직도 잊을 수가 없다. “우리는 사랑이 아닌 배려를 한 것 같아요.” 지금 돌아보면 당시 아내는 낭만적 사랑이 부족하다고 느꼈던 것 같다. 《왜 나는 너를 사랑하는가》에서 주인공 ‘나’가 사랑하는 ‘클로이’에게 “나는 너를 마시멜로 한다”라고 말했던 그런 달콤함 말이다.

나는 아내가 사용한 ‘배려’라는 단어가 오히려 ‘성숙한 사랑'을 의미하는 적확한 표현이라고 생각한다. 우리 부부는 결혼을 전제로 정식으로 교제한 지 4개월 만에 식을 올렸다. 초고속 결혼이 가능했던 이유는 서로의 꿈이 같았기 때문이다. 나는 '좋은 남편 되기', 아내는 '좋은 아내 되기'를 꿈꾸고 있었다. 첫눈에 반해 감정적으로 불타오른 관계라기보다는 성숙한 사랑을 꿈꾸며 이성적인 판단으로 결심한 관계에 가까웠다. (낭만적 운명론을 지양한다고 하면서도 한편으로는 그것을 지향했기에 4개월 만에 결혼한 것이 아닐까?)

물론 여느 신혼부부처럼 신혼 초부터 큰 갈등이 있었다. 미성숙한 사랑의 결정체였다. 결혼 전만 해도 좋은 남편이 될 자신감이 충만했던 나는 예상하지 못한 갈등 앞에 쪼그라들었다. 하지만 이렇게 무너질 수 없었다. 내 인생의 최우선 목표는 '좋은 아내 찾기'가 아니라 '좋은 남편 되기'라는 다짐을 상기했다. 갈등을 통해 상대에 대한 기대를 없애면 해주는 것에 감사할 수 있고 해주지 않아도 서운하지 않을 수 있다는 것을 배웠다. 좋은 아내 되기를 꿈꾸는 아내 역시 갈등을 통해 이기적인 사랑이 아닌 이타적인 배려가 중요함을 느꼈다고 한다. 기대하지 않고 기여하는 것, 성숙한 사랑을 향한 첫걸음이다.

낭만주의의 저주에 빠지지 않기 위해서는 자신이 누구인지, 상대가 누구인지 제대로 알아야 한다. 알랭 드 보통은 사랑의 유익에 대해 "사랑이 없으면 우리는 제대로 된 정체성을 소유할 능력을 상실한다. 사랑 안에서 자아가 지속적으로 확인되기 때문이다."[54] 라고 말한다. 소설 속 주인공 '나'도 이에 동의한다. "나는 클로이가 제공하는 내 인격에 대한 통찰들 덕분에 성숙할 기회를 얻었다. 다른 사람들은 구태여 관심을 가지려고 하지 않는 성격의 측면들을 지적하는 데에는 연인의 친밀성이 필요하다."[55]

우리는 사랑 안에서 정체성을 확립한다. 진정한 사랑은 일시적인 감정이 아니라 지속적인 노력이다. 사랑하기로 작정한 의지요 결단이다. 사랑은 우리를 성숙하게 한다. 그렇기에 모든 것을 다 포기하는 'N포 세대'라고 할지라도 사랑까지 포기할 수는 없다.

54. 알랭 드 보통, 《왜 나는 너를 사랑하는가》, 청미래, 2007, 144쪽
55. 알랭 드 보통, 《왜 나는 너를 사랑하는가》, 청미래, 2007, 145쪽

관계에서도

거리두기가 필요하다

고슴도치 딜레마

국내 첫 코로나 확진자 발생 후 400일이 지났다. '코로나 블루(우울증)'와 '코로나 레드(분노)' 사이에서 정신적 냉탕과 열탕을 오가며 혼미해져 가는 시국에 반가운 소식이 들렸다. 하루빨리 일상을 되찾고 싶은 범국민적 염원을 담은 코로나19 백신 접종이 시작되었다.

하지만 계속해서 확진자가 나오고 있어 사회적 거리두기는 당분간 계속될 전망이다. 지난해부터 코로나19 덕분에(?) 그토록 꿈꾸던 재택근무의 로망을 이루었다. 집에서 회사까지 출퇴근하려면 문에서 문까지 왕복 4시간이 걸린다. 출퇴근만으로도 녹초가 되었던 지난 시간을 돌이켜보면 분명 감사한 일이다. 가족과 함께하는 시간이 많아져서 진심으로 기쁘다.

그런데 요즘 출퇴근하며 길에서 버려졌다고 생각했던 나만의 4시간이 소중하게 느껴진다. 한없이 가까워질수록 좋은 관계가 될 거라 믿었던 가족 간에도 적절한 거리가 필요하다는 것을 깨달았기 때문이다. 고슴도치도 제 새끼는 예쁘다고 하는데 집 안에 갇혀 온종일 붙어 있으니 내 새끼도 예쁘지 않을 때가 있다. '고슴도치 딜레마'를 생생히 체험하고 있다.

독일 철학자 쇼펜하우어의 저서《여록과 보유》에는 고슴도치 우화가 등장하는데 이것이 고슴도치 딜레마라는 용어의 기원이 되었다. 추운 겨울날 고슴도치들이 온기를 나누려고 모여들었는데 가까이 다가갈수록 서로의 가시에 찔렸다. 다시 떨어지면 추위에 떨고 모이면 아파하기를 반복하던 고슴도치들은 마침내 서로에게 필요한 최적의 거리를 찾아낸다.[56]

모든 관계에 필요한 적정 거리

가족과는 반대로 멀어져도 괜찮을 거라 생각했던 다양한 관계가 막상 소원해지자 그리 괜찮지 않다는 것 또한 느꼈다. 그리스 철학자 디오게네스는 "사람을 대할 때는 불을 대하듯 하라. 다가갈 때는 타지 않을 정도로, 멀어질 때는 얼지 않을 만큼만."[57]이라고 말했다. 그의 말처럼 사회적 거리두기를 통해 모든 관계에 적정 거리가 필요하다는 것을 절감하는 나날을 보내고 있다.

가족, 연인, 친구, 회사 동료 등과 나 사이에 각각 필요한 최적의 거리는 얼마일까? 미국 문화인류학자 에드워드 홀은 실험을 통해 사람과 사람 사이에 존재하는 4가지 거리를 밝혀냈다. 먼저 밀접한 거리(0~46cm)는 가족이나 연인처럼 서로의 친밀도가 가장 높은 관계에서 나타난다. 주로 접촉을 통해 교감하는 거리인데 친밀하지 않은 사람이 침입할 경우 불쾌감을 느낀다.

그다음 개인적 거리(46cm~1.2m)는 팔 길이만큼의 거리로 친구처럼 가깝게 느끼는 사람들과의 관계에서 나타난다. 접촉보다는 주로 대화를 통해 교감하며 가벼운 스킨십도 허용하는 거리다. 사회적 거리(1.2m~3.6m)는 사적인 질문이나 스킨십이 허용되지 않는 거리로 사무적인 관계에서 나타난다. 대표적으로 대화할 때도 예의를 갖추는 것이 중요한 회사 사람들이 떠오른다. 마지막으로 공적인 거리(3.6m~7.5m)는 개인과 대중 사이의 연설이나 강의 등에 필요한 거리다.[58]

다시 말해 밀접한 거리는 '진하게 포옹하는 관계', 개인적 거리는 '반갑게 악수하는 관계', 사회적 거리는 '예의 바르게 인사하는 관계'라는 생각이 들었다. 언택트 시대에 공적인 거리는 새롭게 등장한 '온라인 거리'로 대체되었다. 학교에서는 온라

56. 배연국, "[배연국의 행복한 세상] 고슴도치 딜레마", 〈세계일보〉, 2020.12.23.
57. 김혜남, 《당신과 나 사이》, 메이븐, 2018, 59쪽
58. 김혜남, 《당신과 나 사이》, 메이븐, 2018, 63~64쪽

인 교육이 일상화되었고 온라인 예배는 물론 집회와 콘서트까지 온라인으로 이루어지는 세상이 되었다. 설 명절에도 화상으로 세배를 하는 진풍경이 펼쳐질 정도다.

사회적 거리두기로 더욱 고립된 자아에게는 턱밑까지 차오른 한숨을 내뱉을 공간이 필요하다. 그런 의미에서 온라인 공간은 새로운 교감의 장이 되고 있다. 온라인 독서 모임이 대표적인 예다. 친한 친구한테도 말하기 힘든 내용을 시공간적 제약이 없는 화상 모임에서 쏟아낸다. 낯가림이 심한 사람도 온라인으로 처음 보는 사람들과 깊은 대화를 나누며 스스로 놀라는 경우를 심심찮게 본다.

모든 사람을 만족시키려는 미친 짓

이런 변화는 관계를 재정립하는 좋은 기회가 될 수도 있다. 정신분석의 김혜남 박사는 저서 《당신과 나 사이》에서 "모든 사람을 만족시키려는 노력은 미친 짓이다. 더 이상 애쓰지 말고 거리부터 두어라."라고 강조한다. 그가 말하는 '거리'란 상대방과 나 사이에 '존중'을 넣는 것으로 상대방이 나와 다르다는 사실을 있는 그대로 인정하라는 뜻이다. 이를 통해 불필요한 적대적 상황을 피하고, 상대방에게 휘둘리지 않음으로써 감정적인 소모를 줄이는 현명한 선택을 할 수 있다는 것이다.

어려서부터 나는 모든 사람에게 인정받으려고 발버둥치며 살았다. 부모님의 냉전으로 싸늘한 기운이 가득한 가정에서 살아남기 위해 내가 택한 방법은 모범적인 아들이 되는 것이었다. 그래야만 나의 존재가 버림받지 않는다고 인식했기 때문이다. 나는 부모님의 유일한 희망이었다.

운이 억세게 좋아 학교에서도, 군대에서도, 만 9년간 다닌 첫 직장에서도 좋은 사람들을 만나 인정받으며 부모님의 자랑스러운 아들이 될 수 있었다. 그러나 운은 첫 이직과 함께 사라졌다. 두 번째 직장에서 만난 상사와 동료가 말로 표현하기 힘든 역대급 불운을 안겨주었다.

상사는 교묘한 심리전과 공개 석상에서의 인격 모독을 통해 부하 직원들을 철저히 굴복시켰다. 새 직장에 출근한 첫날 이미 선배 두 명이 상사에게 상처받고 퇴사를 결심한 상태였고, 이후로도 나를 포함한 다수의 피해자가 속출했다. 공공의 적은 한 명으로도 족한데 상사의 젊은 시절 데자뷰를 보는 듯한 동료까지 있었다. 가정교육이 의심될 정도로 무례함이 하늘을 찌르는 그는 상사와 함께 '공공의 적 1+1 세트'였다.

영화 〈식스 센스〉 뺨치는 반전은 이제부터다. 가재는

게 편이라고 상사와 동료는 서로를 끔찍이 챙기며 공생했다. 제왕적 권력을 휘두르는 상사의 보호 아래 활개 치는 동료의 행태는 가관이었다. '내가 희생해서라도 더 이상 피해자가 나오지 않도록 막아야 한다'라는 이상한 정의감에 불타오른 나는 그들을 계도하기 위해 물러서지 않고 맞섰다. 깊은 고난은 그렇게 시작되었다.

문제는 자존감이다

어긋한 관계에서 겪은 고통은 관계의 모든 문제가 나의 자존감과 연결되어 있음을 깨닫게 해주었다. 모든 사람을 만족시키려는 노력이 미친 짓이라는 것, 나의 잘잘못과 상관없이 나를 싫어하는 사람이 있을 수 있다는 것, 틀림이 아니라 다름이기에 사람은 고쳐 쓰는 것이 아니라는 사실을 받아들이기까지 2년이 걸렸다. 6개월 육아휴직이라는 물리적 거리두기를 통해 상황을 객관화하며 자존감을 회복했고, 관계에서 감정적 거리두기를 통해 공과 사를 구별하는 법을 익혀갔다. 마침내 나는 회복이 불가능하다고 생각했던 그들과의 관계를 회복할 수 있었다.

김혜남 박사는 "아무리 억울해도 결코 상대방의 도발에 넘어가서는 안 된다. 상처를 입고 괴로워하는 모습을 보이는 것이야말로 그가 원하는 것이기 때문이다."라고 강조하며 자존감이 높은 사람들은 부당한 비난에 휘둘리지 않고 그냥 무시해버린다고 말한다. 반면에 자존감이 낮은 사람들은 상처 입고 괴로워하면서 부당한 비난을 자기 탓으로 돌린다며 "아무리 그가 나에게 상처를 주고자 해도 내가 그것을 받지 않으면 그만이다. 더 이상 나를 평가할 자격이 없는 사람의 도발에 넘어가 상처 입고 괴로워하지 마라."[59] 라고 역설한다.

혹시 주변에 나를 괴롭히는 사람이 있는가? 내가 상처받고 위축될수록 그 사람은 나를 만만하게 보고 더욱 신나서 괴롭힐 것이다. 최고의 복수는 '당신의 말은 쓰레기에 불과하며 쓰레기는 쓰레기통에 넣으면 그만이다'라는 생각으로 포커페이스를 유지하는 것이다. 물론 처음에는 전혀 타격받지 않았다는 연기력과 인내력이 필요하다. 시간이 지날수록 그는 점점 흥미를 잃고 자신의 말이 아무 힘도 없는 쓰레기에 지나지 않는다는 사실을 인지하게 될 것이다. 그렇게 그의 말이 쓰레기가 되고 그의 입은 자연스레 쓰레기통이 되는 것이다.

하지만 말처럼 쉬운

59. 김혜남, 《당신과 나 사이》, 메이븐, 2018, 155~157쪽

것은 아니다. 문제는 자존감이기 때문이다. 우리는 낮아진 자존감을 어떻게 회복할 수 있을까? 《당신과 나 사이》에서 제시하는 자존감을 높이는 3가지 방법 중 첫 번째는 작은 성취감을 맛볼 수 있는 일들을 꾸준히 하는 것이다. 내가 뭔가 해낼 수 있는 사람이라는 사실을 스스로 느끼는 것은 자존감을 회복하는 데 있어 매우 중요하기 때문이다.

두 번째는 단점을 감추거나 극복하기 위해 너무 애쓰지 말아야 한다는 것이다. 자존감이 높은 사람은 단점이 없는 사람이 아니라 단점을 기꺼이 인정하고 드러낼 수 있는 사람이라는 사실을 기억하자. 세 번째는 남들에게 너그럽듯 자신에게도 조금만 더 너그러워지는 것이다. "당신은 당신의 생각보다 훨씬 괜찮은 사람"이기에 스스로 가치를 높이고 인식하는 것이 중요하다.[60]

모든 관계의 주도권은 나에게 있다

무엇보다 관계를 선택하고 결정하는 통제권이 나에게 있다는 사실을 잊어서는 안 된다. 아무리 가족이라 할지라도 일방적인 희생을 강요한다면 단호하게 거리를 둘 줄 알아야 한다.

나는 모범적인 아들 되기를 중단했다. 아버지에게 인정받기를 포기한 것이다. 결혼 5주년이 되어서야 좋은 아들인 동시에 좋은 남편이 되는 것이 불가능하다는 사실을 온전히 받아들였다. 여러 시행착오를 겪었고 좋은 남편 되기가 최우선 목표일 때 내 가정을 견고히 세워갈 수 있음을 체득했다. 그렇게 아버지와 감정적 거리두기를 하고 나니 하나씩 제자리를 찾아가는 느낌이다.

연인 사이도 마찬가지다. 우리나라 성인 절반이 '가스라이팅'(타인의 심리나 상황을 교묘하게 조작해 지배력을 강화하는 행위)의 일종인 데이트 폭력을 경험했다고 한다. 더 심각한 것은 우리 사회에서 데이트 폭력은 친밀한 관계에서 발생하는 개인 문제로 가볍게 인식하는 경향이 크다는 점이다. "사랑하는데 어떻게 이럴 수 있어?"라며 상대를 속박하는 행위는 폭력이지 사랑이 아니다. 데이트 폭력은 엄중히 다뤄야 할 사회적 문제이다.

더공감 마음학교 박상미 소장은 "진정한 나 자신을 잃어가면서까지 인간관계에 집착하며 살 필요는 없어요. 눈치 보는 희생자, 분노하는 피해자로 살지 말고 소중한 나 자신을 먼저 챙기세요. 마음이 편해지

60. 김혜남, 《당신과 나 사이》, 메이븐, 2018, 139~144쪽

면 관계도 편해집니다"라며 "적당히 거리 두는 지혜를 발휘하면 잘 보이려고 애쓸 때보다 더 나은 평판을 얻을 수 있습니다. 품격과 자존감을 지키면서 누구보다 나에게 좋은 사람으로서 독립된 삶을 살아가는 것이 타인이라는 지옥을 탈출하는 가장 좋은 방법입니다"[61]라고 말했다.

우리는 코로나19 장기화에 따른 비정상의 정상화를 경험하고 있다. 이제 사회적 거리두기도 일상이 되었다. 당연하게 여겼던 우리의 관계를 돌아볼 좋은 기회다. 타버릴 정도로 너무 가까워지지는 않았는지, 얼어붙을 정도로 너무 멀어지지는 않았는지 돌아보며 내가 관계의 주도권을 사용할 때다.

61. 박상미, "[박상미의 고민사전] 사람을 대할 때는 불을 대하듯 하라", 〈스포츠경향〉, 2020.12.23.

30대에
친구 만들기는

무엇이 다른가

영업인에게 필요한 역량과 자질은 무엇일까? 영업은 사람과 사람 사이에 이루어지는 종합 예술이다. 실행력, 창의력, 협상력, 분석력, 관리력 등 멀티플레이어로서 다양한 능력을 갖추어야 한다. 무엇보다 관계 중심적인 우리 사회에서 영업인에게 친화력은 필수다.

유통 현장에서 20여 년 경력을 쌓은 영업통 상사와 함께 근무한 적이 있다. 그는 누구를 만나든 자기 인맥 자랑 삼매경에 빠지곤 했다. 업계 유명인부터 청와대 관계자까지 모르는 사람이 없다며 인맥의 끝판왕을 자처하는 그를 보면서 문득 한 사람이 떠올랐다.

"느그 서장 남천동 살제?! 어?! 내가 인마! 느그 서장이랑 인마! 어저께도! 어?! 같이 밥 묵고! 어?! 사우나도 같이 가고! 어?! 이 XXX야 다 해쓰 인마!"

영화 〈범죄와의 전쟁〉을 안 본 사람은 있어도 이 대사를 모르는 사람은 아마 없을 것이다. 경찰서에 끌려온 최익현(최민식)이 서장과의 친분을 과시하며 형사를 호통치는 장면은 '밈'(meme) 열풍을 불러일으켰다. 허세의 끝판왕인 최익현은 증조부의 9촌의 손자, 즉 남이나 다름없는 14촌까지도

영끌하여 인맥으로 만드는 엄청난 인물이다.

최익현을 연상시키는 상사의 인맥 자랑 레퍼토리를 듣다 보면 대한민국은 세 다리만 건너면 다 알 수 있다는 말이 사실일지도 모른다는 생각이 들었다. 실제로 중앙일보와 연세대에서 진행한 '사회 연결망 조사' 결과, 한국 사회는 3.6명을 거치면 다 알게 된다고 밝힌 바 있다. 굳이 인맥의 끝판왕이 아닌 평범한 사람도 서너 사람만 거치면 모두 인맥으로 연결되어 있다는 것이다. 세상 참 좁다!

What a small world

대한민국이야 원래 작은 땅덩어리에 단일 민족 국가(실제로는 아니지만)라서 서로 얽히고설켜 있다고 치자. 다른 나라는 어떨까? '좁은 세상'이 한국에만 국한되지 않는다는 단서로 "What a small world!"라는 영어 표현을 들 수 있다. 미국에서는 실험을 통해 6단계만 거치면 모든 사람이 연결되어 있다는 것이 입증되었다.

1994년 어느 날 함께 영화를 보던 미국 대학생 세 명은 배우 케빈 베이컨이 왜 그렇게 많은 영화에 나오는지 궁금해졌다. (케빈 베이컨은 〈엑스맨〉, 〈아폴로 13〉, 〈할로우 맨〉 등 약 80편의 영화에 출연했다.) 그들은 무작위로 두 영화배우를 선정해 출연했던 영화를 기준으로 케빈 베이컨까지 몇 단계에 거쳐 연결되는지 세어봤다. 이런 시도는 '케빈 베이컨 게임'이라는 이름으로 발전해 세계적인 반향을 일으켰다.

결과는 놀라웠다. 할리우드 영화에 출연했던 배우들이 케빈 베이컨과 연결되는데 6단계를 넘지 않았던 것이다. 이렇게 탄생한 '케빈 베이컨의 6단계 법칙'은 원래 사회심리학자 스탠리 밀그램의 '6단계 분리 법칙'에 기인한다. 밀그램은 미국 중부에 사는 실험 참가자 296명에게 동부 보스턴으로 소포를 전달하도록 했다. 수신자는 생면부지의 주식 중개인이었다. 그 결과, 296개 중 64개의 소포가 목표 인물에게 도착했는데 평균 5.5명, 즉 6단계를 거쳤다는 사실이 드러났다. What a small world!

만약 내가 배우 키아누 리브스와 밥 먹고 사우나도 갈 수 있다고 하면 믿겠는가? 6단계 분리 법칙에 의하면 이론적으로 충분히 가능하다. 현재 같은 부서 직장 동료 중에 배우 김태희의 대학 과동기가 있다. (벌써 나는 한 다리만 건너도 김태희와 연결된다.) 김태희의 남편은 가수 비(정지훈)다. 그는 영화 〈닌자 어쌔신〉의 주연으로 감독 제임스 맥티그와 연결된다. 제임스 맥티그는 영화 〈매트릭스〉 2편과 3편의 조감독을 맡았다. 그가 조감독으로 만난 영화의 주연이 누구였을까? 바로 키아누 리브스이다. '나 – 동료 – 김태희 – 비 – 제임스 맥티그 – 키아누 리브스'로 연결되는 6단계를 보면 언젠가 "키아누 리브스와 같이 밥 묵고 사우나도 가고 다 해쓰!"라고 할 날이 오지 않으리란 법도 없다.

약한 유대관계의 힘

그러나 아무리 인맥이 중요하다고 해도 사람들은 네트워킹을 곱지 않은 시선으로 보는 경향이 있다. 최익현처럼 인간관계를 사적 이익을 위해 이용하려는 느낌이 들기 때문이다. 그래서 이해관계에 얽히지 않은 친구들을 큰 재산처럼 여기기도 한다. SNS를 봐도 많은 친구들과 친분을 과시하는 '친구 플렉스' 사진들이 넘쳐난다. 나도 오래된 학창 시절 친구들이 형제 이상으로 소중하다고 생각한다.

그런데 이런 강한 유대관계보다 약한 유대관계가 더 낫다는 사람이 있다. 《친구의 친구》의 저자 데이비드 버커스는 연락이 뜸하거나 거의 연락하지 않는 관계에서 새로운 정보와 기회를 얻을 가능성이 크다고 주장한다. "왜냐하면 가장 가까운 사람들은 대체로 지인들을 공유하고 있기 때문이다. 그에 비해 약한 유대관계의 인맥은 대체로 다른 인맥 집단에서 활동하며, 그 때문에 정기적으로 꾸준히 만나지 않는 사이다. 그들은 당신의 측근 집단과는 다른 사람들과 어울리며, 다른 정보를 얻는다. 그 결과 당신이 처한 딜레마를 해결하는 데 최상의 정보 창구가 된다."[62]

저자는 친구의 친구, 즉 이미 나와 연결된 인맥 네트워크를 질적으로 개선하면 성공의 지름길을 발견할 것이라고 말한다. 그는 직업적 성공과 조직의 성과를 결정하는 핵심 요인으로 첫째 나를 둘러싼 네트워크가 어떻게 작동하는지 이해하는 것, 둘째 그 안에서 어떻게 길을 찾아갈지 파악하는 것, 셋째 이들 네트워크가 대표하는 커뮤니티에 어떻게 이바지할지 이해하는 것이라고 강조한다.

나는 그리 사교적이지도 않고 낯가림도 심하다. 영업에서는 절대적으로 불리한 성격이다. 그런 내가 영업 12년 차 MD라니 신기하다. 동전의 양면처럼 사람의 단점도 뒤집으면 장점이 된다. 금방 친해지기 어렵다는 것은 반대로 한번 친해지면 오래간다는 뜻이다. 단숨에 사람을 매료시킬 정도로 화려한 언변을 갖추지 못한 나는 투박하더라도 진정성 있는 소통으로 천천히 관계를 맺고자 노력했다.

그렇게 좁아도 깊은 인맥을 만들어갔지만, 영업인으로서 네트워크 확장의 과제는 늘 고민거리였다. 사교적이고 낯가림도 없으며 화려한 언변을 갖춘 사람들이 부러웠다. 그러던 어느 날 '부러워하고만 있을 게 아니라 부러운 점을 가까이서 배우면 어떨까?'라는 생각이 들었다. 나는 진심을 담아 배우는 자세로 본받고 싶은 지인들에게 더욱 가까이 다가갔다. 이 과정을 통해 친화력이 좋아 다양한 네트워크를 구축한 소수에게 집중하는 것이 최선책이라는 확신이 들었다. 그들의 네트워크와 연결된다면 동시에 나의 네트워크 확장도 가능해지기 때문이다.

전 직장 입사 동기 K는 나보다 2년 앞서 첫 이직을 했다. 마당발에 사교성이 좋아 어디에서도 살아남을 법한 그에게도 시련이 따랐다. 이직 후 출근 첫 날부터 고인물들의 텃세와 견제가 심해 그는 심각하게 생존 전략을 고민해야만 했다. 마침내 그가 발견한 돌파구는 타인의 일을 자기 일처럼 도와주는 것이었다. 예를 들어, K의 동료 A가 업체 B를 입점시켜야 하는 과제를 해결하지 못하면 K는 인맥 네트워크를 풀가동해 업체 B의 핵심 정보와 '키

62. 데이비드 버커스, 《친구의 친구》, 한국경제신문사, 2019, 37쪽

맨'(기업의 중심인물) 연락처를 A에게 전달해주는 식이었다.

이제 이직 5년 차가 된 K는 승진은 물론이고, 회사에서 적이 한 명도 없는 호인으로 인기가 높다. 나도 3년 전에 K와 같은 직장으로 이직했는데 K가 연결해준 동료 L의 도움이 컸다. 이직 준비를 할 때 L은 마치 자기 일처럼 나를 도와주었다. 고마운 사람에게 입으로만 고맙다고 하지 않고 작더라도 마음이 담긴 선물을 전하면 더욱 깊고 오래가는 관계가 된다. (당사자에게 선물하는 것도 좋지만, 그의 배우자나 자녀를 위한 선물은 효과가 훨씬 더 크다.) L 또한 K와 마찬가지로 마당발이라 나는 지금도 L과 K의 인맥 네트워크를 통해 많은 도움을 받고 있다.

친구의 새로운 의미

위키백과에 '친구'를 검색하면 30대 이후에는 친구 만들기가 어렵다는 내용이 나온다. (백과사전에 이런 내용까지 나오다니 흥미롭다.) 그 이유는 "각자 바쁘게 살기도 하고 우선순위도 과거와 다르며 친구에 대한 기준도 어렸을 때에 비해 높아지기 때문이다. 나이가 들면 새로운 친구를 만드는 것보다 자신과 가까운 사람들과 더 친하게 지내려는 경향이 있다"라고 나온다. 이처럼 나이 들수록 친구 사귀기가 쉽지 않다는 사실에 공감하는가? 나아가 나는 왜 좋은 친구가 별로 없는지 고민해 본 적 있는가?

《친구의 친구》는 친구의 의미를 새롭게 부여한다. "우리는 네트워크를 키우거나 새로 만들지 않는다. 사실은 우리가 이미 네트워크 내부에 존재하고 있는 것이다. (중략) 70억을 넘어 계속 늘고 있는 인류 집합의 전체는 한마디로 얽히고설키며 촘촘히 연결된 하나의 인적 네트워크다. 모든 사람이 친구의 친구인 것이다. 설령 우리가 아직 그 친구를 만나지 못했다고 하더라도 말이다. 우리가 새로이 만나는 사람 하나하나가 그 네트워크에서 길을 찾아가게 해준다. 누구를 선택하든, 그 사람은 또 우리를 완전히 새로운 세상으로 인도할 수 있다."[63]

그동안 나는 《어린 왕자》에서 여우가 말한 것처럼 '길들여진' 강한 유대관계만이 의미 있는 친구라고 생각했다. 물론 내 마음의 창문 같은 친구 한 명이 나를 숨 쉬게 하는 것은 사실이다. 하지만 그런 친구는 네 잎 클로버와 같이 희소하다. 네 잎 클로버의 꽃말은

63. 데이비드 버커스, 《친구의 친구》, 한국경제신문사, 2019, 78쪽

‘행운’이고 세 잎 클로버의 꽃말은 ‘행복’이다. 약한 유대관계는 세 잎 클로버와 같이 도처에 있다. 오히려 약한 연결의 새로운 발견이 삶에 더욱 큰 의미를 줄 수 있다. 행운에 집착하지 말고 행복을 추구하라는 것이 《친구의 친구》에서 말하고 싶은 핵심일 것이다.

주변이 행복해야 나도 행복하다

펜데믹 시대를 맞아 단절된 관계 속에서 개개인은 더욱 외로워졌다. 하지만 잊지 말아야 할 것은 우리는 모두 연결되어 있다는 사실이다. 전 세계인이 우리의 친구다. 지금 이 글을 읽고 있는 당신과 나도 글을 통해서 뿐만 아니라 실제로도 관계 속에 서로 연결되어 있다.

책에 나오는 연구 결과에 따르면, 나의 친구가 비만일 경우 2~4년간 나의 체중이 늘어날 가능성은 45% 높아진다고 한다. 더 놀라운 점은 내 친구의 친구가 비만일 경우에도 나의 체중이 늘어날 가능성이 20% 높아진다는 것이다. 만일 내 친구의 친구의 친구가 비만일 경우 나의 체중이 증가할 확률은 우연히 체중이 늘어날 확률보다 10% 높다고 한다.

약한 연결의 힘은 결코 약하지 않다. 이를 뒤집어 보면 내가 부정적인 영향력이 아닌 긍정적인 영향력 안에 있을 때나 또한 긍정적으로 변할 가능성이 높다는 뜻이다. 연구 결과에 따르면, 내가 행복한 사람에게 연결되어 있으면 나도 행복할 확률이 15%가량 더 높았다고 한다. 내 친구의 친구가 행복하다면 나도 행복할 확률은 10%가량 더 높았고, 내 친구의 친구의 친구로 확장하면 내가 행복할 확률은 6% 더 높았다.[64]

"수입이 약 1만 달러 늘어날 때 행복이 약 2% 증가한다"[65]는 연구 자료를 상기해보면, 3단계 밖에 있는 누군가의 행복으로 내가 행복할 확률이 6% 증가한다는 사실은 상당히 의미가 있다. 주변에 행복한 사람들이 늘어나는 것이 돈을 더 많이 버는 것보다 훨씬 더 행복해지는 길이기 때문이다.

사회적 거리두기는 강한 유대관계에 대한 집착에서 벗어나 약한 유대관계를 돌아볼 수 있는 좋은 기회다. 이참에 나와 뜸했던 친구들에게 안부를 물어보면 어떨까. 다들 마음이 어려운 이때에 마음을 담아 작은 관심을 보내는 것만으로도 행복할 확률을 높일 수 있다. 혹시 또 아는가. 친구의 친구를 통해 지구 반대편까지 행복한 마음들이 연결될는지.

64. 데이비드 버커스, 《친구의 친구》, 한국경제신문사, 2019, 326쪽
65. 데이비드 버커스, 《친구의 친구》, 한국경제신문사, 2019, 327쪽

좋은 멘토를

만나는 방법

도대체 밥이 뭐길래

우리나라에는 유독 밥과 관련된 인사말이 많다. "밥 먹었니?"라고 안부를 묻고 "밥 잘 챙겨 먹어."라고 격려한다. "밥 한번 먹자!"라고 반가움을 전하고 "밥 한번 살게!"라고 고마움을 표현하기도 한다. 오죽하면 영화 <살인의 추억>에서 형사(송강호)가 용의자(박해일)에게 치를 떨며 던진 명대사도 "밥은 먹고 다니냐?"였다.

일곱 가지 재료로 만드는 진주비빔밥처럼 밥이라는 단어에는 일곱 가지 마음(희로애락애오욕)이 담긴 듯하다. 윤동주 시인이 별을 헤아리듯 우리는 밥 한 끼에 추억과 밥 한 끼에 사랑과 밥 한 끼에 쓸쓸함과 밥 한 끼에 동경과 밥 한 끼에 시와 밥 한 끼에 어머니를 떠올리는지도 모르겠다.

밥 한 끼에 담긴 가치는 어느 정도일까? 좋아하는 사람 한 명과 밥 한 끼 먹는데 얼마까지 쓸 수 있을지 스스로 질문해보았다. 10만 원, 30만 원, 50만 원? 아무리 생각해도 밥 한 끼에 50만 원은 손이 떨려 못 쓸 것 같다. (차라리 10만 원짜리 밥을 먹고 40만 원짜리 선물을 해주는 게 낫지 않을까.) 그런데 밥 한 끼에 50만 원도 아니고 무려 '50억 원'을 쓴 사람이 있다면 믿겠는가?

2019년 암호화폐 트론(TRON)의 창업자 저스틴 선은 '투자의 귀재' 워런 버핏과의 점심 식사 자선 경매에 당첨됐다. 낙찰가는 무려 역대 최고가인 54억 원. 도대체 어떤 대화를 나누기에 그 비싼 밥 한 끼를 먹는 걸까? (모르긴 몰라도 워런 버핏이 최소한 밥값 이상으로 돈 버는 방법 정도는 알려주겠지.)

멘토가 필요한 이유

최근 버크셔 해서웨이 주가 급등으로 워런 버핏은 113조 원의 재산을 가진 세계 5위의 부호가 되었다. 과연 그의 천재성은 타고났을까, 만들어졌을까? 11살 때부터 주식투자를 시작한 그였지만, 혼자만의 힘으로는 '역사상 가장 위대한 투자자'의 반열에 오르지 못했을 것이다. 가치투자를 주창한 투자분석의 선구자 벤자민 그레이엄이 바로 워런 버핏의 멘토였기 때문이다.

미국의 백만장자 타이 로페즈는 멘토가 인생의 성공을 결정짓는다고 주장했다. 그는 아인슈타인, 간디, 오프라 윈프리, 빌 게이츠 등 세계적으로 성공한 사람에게는 모두 좋은 멘토가 있다는 사실을 파악했다.[66] 만일 워런 버핏이 나의 멘토가 되어 주식투자를 가르쳐준다면 어떨까? 알랭 드 보통이 소설 쓰는 법을, 셀린 디온이 노래하는 법을, 드웨인 존슨이 몸 만드는 법을 직접 멘토링해준다면? 분명 나의 실력은 퀀텀 점프하게 될 것이다.

돌아보면 지금의 나를 있게 한 여러 명의 멘토가 떠오른다. 그중 신입사원 때부터 12년이 지난 지금까지도 멘토링 해주는 선배가 있다. 6년 전에 나는 선배가 소개해준 교회로 와서 평생의 반려자를 만났는데 지금의 아내와 다리를 놓아준 은인 또한 선배였다. 선배는 일과 가정, 신앙의 멘토로서 언제나 나를 격려하며 중심을 잡아준다. 공교롭게도 올해 나는 교회에서 선배 아들의 교사가 되었다. 선배에게 배운 것을 다시 선배 아들과 나눌 수 있어 뿌듯하다.

또 한 명의 멘토는 지금 다니는 교회의 목사님이다. 숫자로는 한 명이지만, 영향력으로는 만 명이라고 해도 모자랄 것이다. 내가 손전등이라면 목사님은 등대라고 해야 할까? 목사님을 만나지 못했다면 나의 좁고 얕으면서 짧은 시야는 조금도 확장되지 못했을 것이다.

나는 신혼 때 휴직하고 아내와 독일에서 둘만의 시간을 보냈다. 한창 자리 잡기에

66. 동기부여소, "내 인생 최고의 멘토를 찾는 방법 | 타이 로페즈 | 동기부여 | 한영자막", 2020. 4. 21.

바쁜 30대 부부가 잠시 일상을 멈추고 평생 간직할 부부의 추억을 만들기로 한 것이다. 복잡한 서울에 내 집 마련하려고 아등바등하는 대신 한적한 농가 주택에서 텃밭 가꾸고 책도 쓰면서 나는 평생 하고 싶은 일을 발견했다. 최근에는 운동 습관이 없던 내가 평생 운동으로 검도를 시작했다. 이 모든 것이 나아갈 길을 밝혀주는 등대 같은 목사님 덕분이다. 나의 멘토는 현실에서 벗어나 인생 전체를 조망하도록 안목을 길러주며 스승보다 나은 제자가 되라고 언제나 나를 다독인다.

혹시 좋은 멘토를 아직 만나지 못했는가? 걱정하지 않아도 된다. 손쉽게 멘토를 만나는 방법이 있다. 현실에서는 우연을 초월하는 거대한 필연이 아니면 평생 멘토를 만나기 어렵지만 책에서는 그럴 필요가 없다. 책은 물질적, 시간적, 공간적 제약이 없기에 단돈 1~2만 원이면 언제든지 저자의 멘토링을 받을 수 있다. 심지어 지구 반대편에 있는 저자, 이미 별세한 저자는 물론 책 속에 등장하는 허구의 인물까지도 멘토로 삼을 수 있다.

청소부 밥의 여섯 가지 인생 지침

마지막으로 소개할 나의 멘토도 《청소부 밥》이라는 책을 통해 만났다. 로저는 회사의 CEO이자 가정의 가장으로서 성공하고픈 인물이다. 두 마리 토끼를 쫓다가 번아웃 되어버린 그는 어느 날 우연히 회사에서 마주친 청소부 밥과 대화를 나누게 된다.

"이젠 왜 이 일을 하고 있는지조차 모르겠어요. 집에 가봤자 마음만 더 불편하고요. 어떨 땐 가족이 전혀 모르는 사람들처럼 느껴지기도 합니다. 저는 그저 돈을 뱉어내는 현금지급기 신세인 거죠."[67]

푸념하는 로저를 보며 젊은 시절 자신의 모습을 떠올린 밥은 일주일에 한 번씩 로저에게 삶의 지혜를 전수하기로 한다. 삶의 지혜란 밥이 사별한 아내에게 배운 여섯 가지 인생 지침이다. 앞만 보며 달렸던 로저는 첫 번째 지침 '지쳤을 때는 재충전하라'를 통해 그동안 소홀했던 아이들에게 시간을 할애한다. 조금씩 삶의 여유를 찾으며 에너지를 재충전한 로저에게 밥은 '가족은 짐이 아니라 축복이다'라는 두 번째 지침을 전달한다.

67. 토드 홉킨스·레이 힐버트, 《청소부 밥》, 위즈덤하우스, 2006, 27쪽

"가족이란 자신이 책임져야 할 짐이고, 식구들을 먹여 살리느라 고생 고생하며 일해야 한다고 생각했던 거지. (중략) 그런 사고방식 때문에 문제가 생기는 거라네. 일을 그저 가족의 생계를 위한 수단쯤으로 생각하니 일하는 게 즐거울 리가 있겠나? 가족을 먹여 살리는 것이 일의 유일한 목적이라고 생각하는 순간, 일은 물론이고 가정생활도 어려워지기 시작하는 거지. 일이 힘들 때마다 당연히 가족을 탓하게 될 거고."[68]

가족을 짐이 아닌 축복으로 여기기 시작한 로저는 가정과 직장이 모두 즐거운 공간으로 변하는 것을 체험한다. 하지만 로저는 양쪽에 더욱 신경 쓸 일이 많아지자 불평불만을 쏟아낸다. 이때 밥은 세 번째 지침 '투덜대지 말고 기도하라'를 권고한다. "할 일이 넘쳐날 때도 기도를 해보게나. 더 중요하고 집중해야 하는 일과 그렇지 않은 일을 구분할 수 있는 통찰력을 얻어 현명한 선택을 할 수 있게 될 거야. 그래서 결국에는 인생 전체에서 진정한 가치를 갖는 것들과 단순히 한순간 중요하고 급해 보이는 일들을 구분해낼 수 있게 되지. 이 모든 게 기도를 통해서 시작되는 거라네."[69]

밥의 말대로 로저는 통찰력과 지혜를 구하는 기도를 하며 난관에 봉착한 회사를 살리고 직원들에게 신뢰를 얻게 된다. 그는 또한 "당신이 바라시는 훌륭한 남편, 자상한 아버지가 될 수 있도록 도와주소서"[70]라고 기도하며 가정에 더욱 충실해지려 애쓴다. 그러자 소원했던 가족과의 관계가 서서히 회복된다.

로저는 '배운 것을 전달하라'는 네 번째 지침을 이웃인 앤드류에게 실천하며 남을 가르칠 때 가장 큰 깨달음을 얻는다는 사실에 전율한다. 그는 다섯 번째 지침 '소비하지 말고 투자하라'를 통해 선택의 갈림길에서 진정으로 중요한 가치에 투자하는 법을 체득하고, '삶의 지혜를 후대에 물려주라'는 마지막 지침을 통해 얼마나 살았는지가 아닌 정해진 기간을 어떻게 살았는지가 중요하다는 것을 깨닫는다.

로저에게 여섯 가지 지침을 전수하자마자 밥은 지병이 악화되어 세상을 떠난다. "자신에게 주어진 인생을 충실히 마치고 나면 마치 신나게 놀다 녹초가 된 어느 저녁처럼 몸은 피곤하지만 더없이 충만한 느낌으로 행복하게 잠들 수 있습니다"[71]라는 말을 남긴 채. 밥은 그의 멘토링을 받았던 수백 명의 축복 속에 평안히 잠든

68. 토드 홉킨스·레이 힐버트, 《청소부 밥》, 위즈덤하우스, 2006, 77쪽
69. 토드 홉킨스·레이 힐버트, 《청소부 밥》, 위즈덤하우스, 2006, 106쪽
70. 토드 홉킨스·레이 힐버트, 《청소부 밥》, 위즈덤하우스, 2006, 115쪽
71. 토드 홉킨스·레이 힐버트, 《청소부 밥》, 위즈덤하우스, 2006, 216쪽

다. 이 모습을 지켜보며 깊은 감명을 받은 로저는 밥이 가르쳐 준 여섯 가지 지침의 전도자로서 제 2의 인생을 살아간다.

평생 멘토를 만나려면

청소부 밥을 20대에 처음 만났을 때 나는 '물질에 쫓기는 삶이 아닌 가치를 좇는 삶'을 삶의 모토로 삼았다. 나눌수록 더욱 풍성해지는 밥의 삶을 보면서 나 또한 그렇게 살고 싶다는 생각을 했다. 30대에 이 책을 다시 보니 로저가 처했던 상황에 깊이 공감하며 밥의 멘토링에 더욱 몰입하게 되었다. 앞으로도 밥은 나의 평생 멘토로서 삶의 방향성을 제시해줄 것이다.

좋은 멘토와의 만남 못지않게 중요한 것은 관계 유지를 위한 멘티의 노력이다. 좋은 멘티로서 멘토에게 큰 힘이 되려면 멘토의 조언을 진심으로 새기고 전심으로 실천해야 한다. 멘토링의 궁극적인 목적은 멘토와 멘티 모두 관계 속에서 더 나은 사람으로 변해가는 것에 있다. 멘토는 멘티의 성장을 통해 더 나은 멘토가 된다.

책을 통해 만난 멘토와의 관계도 마찬가지다. 귀퉁이 접힌 책장을 반복해서 펼쳐보고 밑줄 친 내용 옆에 떠오르는 생각을 적다 보면 마치 저자와 대화하는 듯한 생동감이 느껴진다. 저자의 생각에 깊이 반응하면 책은 생명력을 얻어 살아 있는 멘토가 된다. 나의 인생 책이 곧 평생 멘토인 것이다.

타이 로페즈는 "모두가 좋은 인생을 살고 싶어 하지만, 좋은 인생을 얻기 위해 책을 읽는 사람은 많지 않다."라며 책을 멀리하게 만든 현대 교육 시스템을 비판했다. 그는 책을 한 번 읽고 끝내는 것으로 생각하지 말고 친구처럼 곁에 두고 반복하여 읽을 것을 권한다. 현실적으로 평생 읽고 또 읽을 수 있는 양인 150권의 책을 골라 금을 캐내는 광부처럼 책에서 지식과 지혜를 캐내라는 것이다.[72]

어쩌다 서른이 되었다는 불안감이 엄습했을 때부터 나는 책을 읽기 시작했다. 어릴 적 친구들은 내가 책을 읽는 것도 놀라운데 책을 쓰는 사람이 되었다는 사실이 믿어지지 않는다고 말한다. 나도 친구들의 말에 동의한다. 독서는 시간 낭비라고 생각했던 내가 지출 대부분을 책 구매에 쓰고 여유 시간 대부분을 책과 함께 보낸다.

책을 읽으면 뇌가 자극되어 상상의 세계를 실제로 경험하는 효과가 있다고 한다. 《책은 도끼다》의 저자 박

72. 동기부여소, "내 인생 최고의 멘토를 찾는 방법 | 타이 로페즈 | 동기부여 | 한영자막", 2020. 4. 21.

웅현은 책이 "나의 얼어붙은 감성을 깨뜨리고 잠자던 세포를 깨우는 도끼"[73]라고 했고, 《밥보다 책》의 저자 김은령은 책이 가진 제한성 덕분에 책은 오히려 상상력을 자극하고 "긴 텍스트를 읽어내는 인내심과 행간에 숨은 의미를 짐작하는 이해력을 키워준다."[74]라고 했다.

책은 가장 저렴하게 가장 다양한 멘토를 만날 수 있는 가장 빠른 길이다. 사놓고 아직 읽지 않은 책을 오늘 한번 펼쳐보면 어떨까. 잠자고 있던 평생 멘토가 깨어날지도 모르니.

73. 박웅현, 《책은 도끼다》, 북하우스, 2013, 6쪽
74. 김은령, 《밥보다 책》, 책밥상, 2019, 8쪽

본문에 소개된 책들

《1984》
조지 오웰, 민음사, 2003

《왜 나는 너를 사랑하는가》
알랭 드 보통, 청미래, 2007

《어떻게 진짜 어른이 되는가》
데이비드 리코, 자음과모음, 2017

《당신과 나 사이》
김혜남, 메이븐, 2018

《친구의 친구》
데이비드 버커스, 한국경제신문사, 2019

《청소부 밥》
토드 홉킨스·레이 힐버트, 위즈덤하우스, 2006

덧붙여 읽으면 좋은 책들

《우리도 사랑할 수 있을까》
오연호, 오마이북, 2018

《듣고 싶은 한마디, 따뜻한 말》
정유희, 보아스, 2018

《5가지 사랑의 언어》
게리 채프먼, 생명의말씀사, 2010

PART 4

30대,

나를 구조할 사람은 나뿐

일하고 싶을 때만

일하고 싶어

눈덩이처럼 불어나는 업무

아는 동생에게 오랜만에 연락이 왔다. 외국어에 능통한 그는 어느 스타트업에 통역사로 입사했다가 몇 달 전부터 갑작스레 MD 업무를 맡게 되었다며 SOS를 보냈다. 한 번도 MD 업무를 해본 적 없는 그는 사수마저 퇴사해버린 상황이라 멘붕에 빠져 있었다.

"MD가 어떤 업무를 하는지, 도대체 어디서부터 어디까지 챙겨야 하는지 모르겠어요. 눈덩이처럼 불어나는 업무량에 질식할 것만 같아요!"

지난 몇 달간 그는 계약 성사를 위해 외국 바이어들에게 밤낮으로 연락하는 동시에 인플루언서 마케팅을 기획하고 진행하면서 눈코 뜰 새 없는 나날을 보냈다고 했다.

MD는 상품을 통해 회사의 매출과 수익을 극대화하는 사람이다. 너무 포괄적인 직무라서 MD는 '뭐든지 다 한다', '모두 다 한다'의 약자라는 우스갯소리도 있다. 망망대해 한가운데 던져진 초보 MD에게 우선 구명 튜브 하나가 시급했다. 이것도 하고 저것도 하느라 혼란스러운 그에게 딱 요것만 집중하도록 단계별로 업무를 정리해주었다.

잿빛이었던 그의 얼굴이 점차 환해졌다. 그는 매출을

크게 만들고 싶은 마음에 일을 계속 벌이고만 있는 상태였다. 그에게 세 단계로 업무를 진행해보라고 제안했다. 첫째 수십 개의 고객사 중에 가장 중요한 한 곳을 정할 것, 둘째 그 한 곳에 가용한 자원을 총동원하여 집중하고 2~3개월 내에 모범 사례를 만들 것, 셋째 그다음으로 중요한 업체 3~5곳을 정해 모범 사례를 확산하고, 6개월 안에 소기의 성과가 나오면 전체 확산을 위해 회사에 인원 보충을 요구할 것.

일주일 후에 그에게 다시 연락이 왔다. "한 브랜드로 몰입해서 진행하니 일이 훨씬 많이 줄었어요. 아직 판매 수량은 적지만 일주일 만에 이런 성과는 기대도 못 했어요. 제게는 매우 큰 성과거든요. 대표님께도 단계별로 어떻게 일을 진행할지 말씀드리니까 저를 도와줄 아르바이트생을 뽑아주신다고 했어요. 너무 감사해요."

걱정해서 걱정이 사라지면 걱정이 없겠네

처음 MD를 하는 그에게는 맨땅에서 사업을 확장해야 하는 미션이 일생일대의 걱정거리였겠지만, 10년 넘게 MD로 일해 온 나에게는 익숙한 일이다. (더 황당한 일도 많이 겪었다.) '1만 시간의 법칙'에 의하면 누구나 10년 동안 집중적으로 훈련하면 그 분야의 전문가가 된다. 대부분의 걱정은 시간이 지나거나 내공이 쌓이면 자연스럽게 해결되기 마련이다.

실제 우리가 하는 걱정 중 96%는 쓸데없는 걱정이라고 한다. 절대 일어나지 않을 일 40%, 이미 일어난 일 30%, 사소한 일 22%, 어쩔 도리가 없는 일 4%를 걱정하는 것이다. '걱정해서 걱정이 사라지면 걱정이 없겠네'라는 티베트 속담에 고개를 끄덕이면서도 나는 지금의 걱정이 혹시 쓸데없는 걱정은 아닌지 걱정하기도 한다. 주변에도 걱정을 달고 사는 이들을 쉽게 볼 수 있다. 이쯤 되면 인간은 걱정을 즐기는 존재, '워리 사피엔스'(Worry Sapiens)가 아닌가 싶다.

만일 나의 걱정을 누군가가 대신해줄 수 있다면 어떨까? 혼자 골머리 싸매거나 여기저기 조언을 구하느라 전전긍긍하는 대신 로봇에게 걱정을 털어놓는다면? 로봇은 딥러닝을 통해 학습한 대로 의뢰인의 걱정거리를 조용히 처리해주거나 솔루션을 제공해줄 것이다. 이런 로봇이 있다면 우리는 쓸데없는 걱정으로 금 같은 시간을 허비하는 대신 보다 생산적인 활동으로 시간을 쓰게 될 것이다.

실제로 자신의 걱정을 아웃소싱하는 사람이 있다면 믿겠는가? 팀 페리스는 저서 《나는 4시간만 일한다》에서 원격 비서를 고용해 자신의 업무뿐 아니라 노이로제까지도 아웃소싱하는 방법을 소개한다. "나는 허니에게 나 대신 그녀가 머리카락을 쥐어뜯어 주면 어떻겠느냐고 물어보았다. 하루에 단 몇 분만이라도 말이다. 그녀는 훌륭한 아이디어라고 하면서, '그 건에 대해 매일매일 걱정해 드릴게요. 염려하지 마세요'라고 써서 보냈다. 노이로제를 아웃소싱하는 것이야말로 이번 달 실험에서 가장 성공적인 것이었다. 그 일이 생각나면 언제나 그 건에 대해 이미 허니가 걱정하고 있다는 걸 나 자신에게 상기시키자 우습게도 마음이 편안해졌다. 농담 아니다. 이 생각만으로도 그 가치는 충분하다."[75]

몹시 황당하겠지만, 팀 페리스는 인생을 아웃소싱하는 방법으로 1주일에 4시간만 일하고도 한 달에 4만 달러를 번다고 한다. 그것도 살고 싶은 곳에서 살고 일하고 싶을 때 일하면서 말이다. 그의 말이 사실이라면 그는 자유롭게 일하며 시급 2,500달러(약 283만 원)를 받는다는 뜻이다. 월급이 아니라 시급 말이다. 나를 포함한 대다수의 평범한 직장인은 그에 비해 10배 이상으로 일하지만 시급은 100분의 1 이하다. 괴리감을 느끼지 않을 수 없다.

파레토 법칙과 파킨슨 법칙

지구인이라면 응당 '9 to 6'라는 불문율(그러나 출근 시간은 빨라지고 퇴근 시간은 늦어지는 마법의 법칙이 적용되는)에 순응하며 살아야 하는 것 아닌가? 전혀 지구인답지 않은 라이프스타일을 누리는 저자의 비결은 무엇일까? 화성인을 인터뷰하는 심정으로 《나는 4시간만 일한다》를 탐사해보니 이 책의 뼈대를 이루는 두 가지 법칙을 발굴할 수 있었다.

하나의 뼈대는 '파레토 법칙'이다. 1906년 이탈리아의 경제학자 빌프레도 파레토는 이탈리아 인구의 20%가 이탈리아 전체 부의 80%를 소유하고 있다는 사실을 수학 공식으로 만들었다. 그 후 품질 경영의 선구자인 조지프 주란이 '80 대 20 법칙'을 기업 경영에 적용하면서 파레토 법칙이라는 이름이 탄생했다.

저자는 이 법칙을 "80퍼센트의 생산량은 20퍼센트의 투입량으로부터 나온다"라고 설명하며 자신의 삶을 분석하기 위해 두 가지 질문을 던졌다고 한다. "내 문제와 불행의 80퍼센트를 일으키는 20퍼센트의 원인은 무엇인가?" "내가 원하는 수입과 행복의 80퍼센트를 창출

75. 팀 페리스, 《나는 4시간만 일한다》, 다른상상, 2017, 135쪽

하는 20퍼센트의 원인은 무엇인가?"[76]

진지한 성찰 끝에 그는 그동안 단순히 시간을 채우기 위해 일을 위한 일을 해왔음을 발견했다. 120곳의 고객 중 단지 5곳의 고객이 수입의 95퍼센트를 창출했지만 그는 엉뚱한 고객에게 시간을 쏟고 있었다. 그는 문제의 원인이 일하는 장소와 시간이라고 보았다. 정해진 시간 동안 꼼짝없이 사무실에 붙잡혀 있어야 하는 직장인은 근무 시간 동안 해야 할 일을 만들어 내야만 한다. 일해야 할 시간이 8시간이면 생산적이지 않은 일들로 8시간을 때우는 불상사가 벌어진다는 것이다. (성과급을 받지 못하는 직장인의 경우에는 더욱 심각해진다.)

여기서 저자는 또 하나의 뼈대, '파킨슨 법칙'의 중요성을 깨닫는다. 영국의 역사학자 시릴 파킨슨은 개인적 경험과 통계 자료를 통해 "어떤 일이든 주어진 시간이 소진될 때까지 늘어진다"라는 사실을 밝혀냈다. 즉 일하는 시간이 길수록 일의 효율은 떨어진다는 것이다. 저자는 마감 시한이 짧을 때 오히려 엄청난 집중력을 발휘해 결과가 더 좋아지는 경험을 하며 파킨슨 법칙을 신뢰하게 된다.

그는 파레토 법칙에 따라 무엇이 중요한지 안다고 해

76. 팀 페리스, 《나는 4시간만 일한다》, 다른상상, 2017, 82~84쪽

77. 팀 페리스, 《나는 4시간만 일한다》, 다른상상, 2017, 89쪽

도 파킨슨 법칙에 따라 마감 시한을 정하지 않는다면 생산성이 급격히 떨어진다고 강조한다. 따라서 그는 두 가지 법칙이 생산성을 높이는 데 시너지를 낼 수 있도록 일하는 방식을 두 가지로 정리했다. 첫째 "근무 시간을 줄이기 위해서 중요한 일로만 업무를 제한하라.(80 대 20 법칙)", 둘째 "중요한 일로만 업무를 제한하기 위해서 근무 시간을 줄여라.(파킨슨 법칙)"[77].

아는 동생에게 내가 훈수를 뒀던 내용도 두 가지 방식에 근거한 것이었다. 우선순위를 정해 업무량을 간소화하지 않으면 초보 MD는 끝도 없이 일하다가 쓰러질 것이다. 동시에 그렇다고 목표 달성 마감 기한이 없다면 갑자기 줄어든 업무량에 안주하며 성과를 내기 어려울 것이다. 다행이 후배의 성과를 통해 화성인 같은 저자가 제안하는 방식이 지구인에게도 유용하다는 사실을 확인할 수 있었다.

1주일에 4시간만 일하는 시스템을 만들려면

팀 페리스는 두 가지 방식으로 어떻게 1주일에 4시간만 일하는 시스템을 만들었을까? 그는 먼저 사무실에서 탈출하라고 말한다. 정해진 장소에서 벗어나야 시간적 자유를 얻을 수 있기에 원격 근무 협상을 제안하라는 것이다. 그의 솔루션은 이렇다.

1. 한 2주 동안 사무실을 비워야만 하는 사전 기획된 프로젝트나 (가족 문제, 개인적 문제, 이주, 집수리 등 어떤 것이든) 긴급 상황을 활용하라.
2. 일에서 손 놓고 그냥 있을 수 없다는 걸 알고 있기 때문에 휴가를 내기보다는 그 기간에도 일하겠다고 말하라.
3. 원격 근무의 방법을 제시하고, 돌아왔을 때의 성과가 평균에 미치지 못한다면 그동안의 (단지 그 기간에 한해서만!) 임금을 삭감해도 좋다고 제안하라.
4. 이 과정을 어떤 식으로 할지 상사도 함께 의논할 수 있도록 하라.
5. '회사에서 벗어난' 2주 동안을 가장 생산적인 기간이 되도록 하라.
6. 회사에 돌아와 상사에게 업무 결과를 보여주고, 주의를 산만하게 만드는 것과 출퇴근 시간 등이 없으니 일을 2배나 많이 할 수 있었다고 말하라. 시험 삼

아 2주 동안 일주일에 2~3일씩 재택근무를 하겠다고 제안하라.

7. 재택근무 기간에는 가장 생산적으로 일하라.
8. 일주일에 1~2일만 회사에서 근무하겠다고 제안하라.
9. 회사에서 근무하는 날에는 가장 비생산적이 되도록 일하라.
10. 전면적인 재택근무를 제안하라. 상사도 찬성할 것이다.[78]

이런 제안을 할 때는 퇴사할 각오로 해야 한다는 것이 저자의 핵심이다. 시간적, 공간적, 경제적 자유를 누리기 위해 개선의 여지가 없는 직장이라면 과감히 버리라는 것이다. 삶의 변화를 원한다면 그만큼 절실한 결단이 필요하다는 그의 주장에 동의하지만, 자기 정리가 선행되지 않은 채 섣불리 내리는 결단은 위험하다고 생각한다. 나는 누구이고 왜 사는가? 인생의 우선순위가 무엇이며 삶을 통해 어떤 것을 추구하는가? 이런 질문에 스스로 답을 찾지 못한다면 단순하게 근무 시간을 줄이려는 시도는 한낱 게으름을 추구하는 것에 지나지 않는다. 근무 시간을 줄이려

78. 팀 페리스, 《나는 4시간만 일한다》, 다른상상, 2017, 233~234쪽

는 목적은 더 중요하고 더 잘하는 일에 집중하기 위해 시간의 속박에서 벗어나는 것이기 때문이다.

만일 원격 근무 협상이 잘 된다면 그다음에 무엇을 해야 할까? 노이로제까지도 아웃소싱하는 저자는 원격 근무를 통해 인생을 아웃소싱하는 연습을 해야 한다고 말한다. 이른바 원격 비서를 고용해보라는 것인데 저자의 논리는 간단하다. 예를 들어 시급 2만 원인 A 씨의 연봉은 4천만 원이다. A가 일류 비서 B를 시급 3만 원에 8시간(하루 근무 시간) 고용하면, 하루를 더 쉬기 위한 A의 비용은 (B의 일당 24만 원에서 A의 일당 16만 원을 뺀) 8만 원이다. 주 4일만 일하기 위해 일주일에 8만 원만 내면 되는 것이다. 심지어 다른 나라에 있는 원격 비서를 고용하면 시차를 이용해 내가 잠든 사이에 일을 진행할 수도 있다. 이것이 저자가 실제로 시간을 절약하는 방법이다.

이 개념을 더욱 정교하게 설계하고 삶의 전반적인 영역에 확장한 저자는 마침내 1주일에 4시간만 일하는 시스템을 누리게 된다. "나는 모든 일이 나를 거쳐야만 하는 요금 징수소 같은 역할을 하는 게 아니다. 내 역할은 길가에 서 있다가 필요하면 끼어드는 경찰관과 더 비슷하다. 그리고 나는 아웃소싱 업체들이 보내 주는 자세한 보고서를 이용하여 톱니

바퀴들이 의도한 대로 돌아가고 있는지 확인한다."[79]

지식 노동자가 된다는 것

여전히 그의 말이 화성인의 언어처럼 들리기도 하지만, 이 책은 분명 인생이라는 시간을 어떻게 관리할 것인지 생각할 거리와 통찰력을 제공한다. 경영학의 아버지 피터 드러커는 지식 노동자의 과업이 "최대한 높은 성과를 올리는 것이고 또한 목적을 달성하는 것"[80]이라고 했다. 지식 노동자는 시간을 최대한 효율적으로 사용해 최고의 퍼포먼스를 낸다. 엉덩이 붙이고 사무실에서 모니터만 열심히 들여다보는 것은 지식 노동이 아닌 육체 노동이다. 로봇이 육체 노동을 대체하고 AI가 지식 노동까지 위협하는 시대 속에서 진정한 지식 노동자로 거듭나려면 반드시 질적으로 높게 일하는 습관을 들여야 한다.

언택트 시대를 맞이해 회사와 원격 근무 협상을 해야 하는 수고로움을 들이지 않고서도 재택근무를 하는 날이 많

79. 팀 페리스, 《나는 4시간만 일한다》, 다른상상, 2017, 206쪽
80. 피터 드러커, 《프로페셔널의 조건》, 청림출판, 2012, 111쪽

아졌다. 일산에서 잠실까지 출퇴근하던 4시간을 아낄 수 있기에 가족과 마주 앉아 하루에 밥 한 끼 함께 할 수 있는 지금의 행복이 소중하다. 야근에 찌든 직장인이라면 1주일에 4시간은 고사하고 1일에 4시간, 아니 하루에 8시간으로 정해진 근무시간만 일해도 소원이 없겠다고 할 것이다.

일단 당장 불필요한 야근부터 없애보면 어떨까? 파레토 법칙과 파킨슨 법칙을 활용하여 하루에 정해진 근무 시간 안에 중요한 일을 마무리하고 칼퇴근하는 연습부터 하는 것이다. 그것만으로도 가족과 함께 보내는 소중한 시간이 늘어날 테니까. 인생에서 가장 중요하다고 생각하는 일을 뒤로 미룰 수 없는 이유는 삶에 주어진 시간이 영원하지 않기 때문이다. 이 사실을 잊지 않는다면 언젠가 우리에게도 1주일에 4시간만 일하는 날이 올 것이다.

이 무기력을

어떻게 극복할까

코로나19가 창궐하기 이전부터 직장에는 '넵병'이 만연했다. 넵병이란 직장 상사가 메신저나 문자로 업무를 지시할 때 '넵'이라고 답하는 것을 빗대어 이르는 신조어다. 네이버 국어사전은 "'네' 또는 '예'라고 쓰기에는 너무 버릇없어 보이기도 하고 딱딱해 보여서 기피하고, '넹'이나 '네ㅎㅎ'와 같이 쓰면 가벼워 보이는 대신, '넵'은 빨리 처리하겠다는 의지가 담겨 있어서 직장인이 대답할 때 많이 사용한다."[81]라고 넵병을 설명한다.

같은 '넵'이라도 어떻게 쓰느냐에 따라 그 뜻이 달라진다. '넵!'은 '당연하죠! 가능합니다', '넵..'은 '일단 알겠습니다', '넵ㅠ'은 '죄송합니다'라는 의미다. 또한, '넵?'은 '뭐라고 하는 거지?', '넵넵'은 '넵만 쓰면 불안하다', '넵~'은 '티 안 나는 짜증'이라는 부하 직원의 심리를 담아낸다.[82]

나도 넵병을 앓고 있다. 선배들보다 어려운 상사에게는 "넵!" 대신 "네 알겠습니다!"를 즐겨 쓴다. 장문의 업무 지시에 달랑 '네'라고 답하면 무성의해 보이고, '알겠습니다'라고만

81. 네이버 국어사전, '넵병'
82. 박돈규, "'네' '넹' '넵' 사이… 의욕충만인가 립서비스인가", 〈조선일보〉, 2019.10.05.
83. 김가연, "'아무것도 하기 싫은데요" '번아웃 증후군' 호소하는 직장인들", 〈아시아경제〉, 2020.06.21.

답하면 뭔가 부족한 느낌이다. '네 알겠습니다'에 느낌표까지 붙여서 '당신의 말을 확실하게 알아들었고 당장 실행하겠습니다!'라는 뜻을 예의 바르게 전달하고자 한다. 느낌표는 절제해서 쓰면 효과적이지만 남발하면 반항적인 느낌을 풍기니 주의해야 한다.

마침표도 마찬가지다. 현실과 동떨어진 지시에는 "네 알겠습니다."라고 마침표를 붙이고, 말도 안 되는 지시에는 "네 알겠습니다"라고 마침표를 빼버리고 답하기도 한다. 입은 웃고 눈은 우는 피에로처럼 직장인은 '답정너' 상사에게 언제나 알겠다고 답하며 웃지만, 마침표 하나에 속마음을 담아 운다.

무기력한 직장인, 무엇이 문제인가

최근 업무 스트레스로 심한 피로감과 무기력증을 겪는 직장인이 늘고 있다. 이런 증상을 '번아웃 증후군'이라고 하는데 직장인 10명 중 9명이 겪는 것으로 드러났다. 직장인 관련 두 온라인 업체가 전국 직장인 1만 91명을 대상으로 조사한 결과, 응답자의 89%가 '최근에 번아웃을 경험했다'고 답했고, 가장 큰 원인으로 '과도한 업무량'(46%)을 꼽았다.[83]

넵병이 심해질수록 무기력해지는 느낌을 지울 수 없다. 분명 이건 아니라고 생각하는 업무 지시에도 '넵넵'거리다 보면 어느새 일은 산더미처럼 쌓인다. 예전에 나도 번아웃 증후군을 겪을 때 "일이 너무 재미없네요. 열심히 해도 무슨 의미가 있나 싶어 아무것도 하고 싶지 않네요."라고 직장 동료에게 말한 적이 있는데 그의 답변이 놀라웠다. "제가 아는 분이 그러는데 회사가 돈 주면서 재미까지 줄 수는 없대요." 나는 더 무기력해졌다.

직장인 대부분이 무기력증에 빠진 근본 원인은 무엇일까? 정말 과도한 업무량 때문일까? 독일의 철학자 에리히 프롬은 저서 《나는 왜 무기력을 되풀이하는가》에서 인간이 사물로 변했기 때문이라고 그 원인을 밝힌다. 그는 자본주의 패러다임에 갇힌 우리가 '완제품으로 제공된 목표'에 쫓기면서 존재를 잃고 사물이 되어버렸다고 진단한다.

"나라는 존재가 타인이 나에게 기대하는 존재에 불과하다면 나는 과연 누구인가?"[84]라는 저자의 의미심장한 질문을 곱씹어 보면 무기력은 결국 주체성의 문제로 귀결된다. 직장인은 내가 일하는 사람이 아닌 회사의 부품이 되었을 때 동력을 잃는다. 이런 세태에 탄식하며 저자는 말한다. "오늘날에는 모두가 자기 자신을 착취한다. 모두가 자기 밖의 목적을 위해 자신을 이용한다. 사물의 생산이라는 한 가지 전능한 목표만이 존재한다. 우리가 입으로 고백하는 목표, 즉 인격의 완벽한 발달, 인간의 완벽한 탄생과 완벽한 성장은 더 이상 중요하지 않은 것이다."[85] 회사의 부품이 되어버린 직장인은 어떻게 나를 위해 일하는 사람이 될 수 있을까?

평등을 오해해서 생긴 무기력

저자는 자본주의 사회에서 왜곡된 평등의 개념을 바로 잡아야 한다고 말한다. 평등의 본질은 인간 존재로서 가치가 동등하다는 것이지 소유의 수준이 똑같아야 한다는 것이 아니다. 남들이 아파트에 사니까 나도 아파트에 살아야 하고, 남들이 대학을 나오니까 나도 대학에 가는 것은 평등이 아닌 집착이다.

소유에서 존재를 찾으려고 하면 무기력해질 수밖에 없다. 바닷물로는 갈증을 해소할 수 없듯이 최고급 세단, 명품백 등으로 아무리 치장한들 인간 내면의 공허함은 채울 수 없다. 소유에는 생명도 영혼도

84. 에리히 프롬, 라이너 풍크, 《나는 왜 무기력을 되풀이하는가》, 나무생각, 2016, 103쪽
85. 에리히 프롬, 라이너 풍크, 《나는 왜 무기력을 되풀이하는가》, 나무생각, 2016, 26쪽

없다. 오직 물질만 있을 뿐이다. 소유에서 존재를 찾는 행위는 생물이 무생물로부터 생명을 공급받으려는 헛수고일 뿐이다.

복잡한 삶의 문제를 단순하게 '소유냐 존재냐'로 압축해낸 저자의 통찰력이 놀랍다. 아이가 두 명이 되고 서른보다 마흔에 가까워질수록 소유냐 존재냐의 문제는 내게 더욱 피부로 와 닿는다. 딸린 식구가 없었을 때는 비교적 소유가 중요하지 않았다. 셋방살이 신세에도 위기의식은 없었다.

하지만 지금은 네 식구를 책임지는 가장으로서 고생하는 아내를 편하게 해주고 아이들을 좋은 환경에서 키우고 싶다. 내 집 마련으로 더 이상 집주인 눈치 따위는 보지 않고, 아이들에게 삶의 경험을 확장하는 다양한 교육의 기회를 아낌없이 지원하고픈 의지가 용솟음친다. 불현듯 존재를 탐구하는 수도자가 왜 결혼을 하지 않는지 알 것 같았다. 식구가 생기면 존재가 끊임없이 소유의 위협을 받을 수밖에 없다.

마음의 여유가 점점 사라지는 나에게 에리히 프롬은 물질적 평등이 아닌 존재적 평등을 추구하라는 처방을 내렸다. 존재 밖의 소유는 무기력을 유발하지만, 존재 안에서의 소유는 희망을 준다. 미성숙한 인간의 소유는 자기 배를 불리기 위해 쓰이다가 결국 똥이 되겠지만, 성숙한 인간의 소유는 타인을 돕고 생명을 살리는 데 흘러갈 것이기 때문이다.

무기력을 벗어나는 진짜 삶의 세 가지 조건

저자는 무기력에서 자유로워지는 진짜 삶의 조건 세 가지를 제시한다. 첫 번째는 감탄의 능력이다. 그는 감탄의 능력이 '예술과 학문의 모든 창조적 결과를 낳는 조건'이라고 강조한다. 직장인은 감정 노동의 노예다. 평가 권한을 가진 상사의 비합리적인 지시에도 예스맨이 되길 강요받고 마음의 분노를 억지 미소로 분칠해야 한다. 인사고과에 따라 회사에서 받는 돈의 액수와 근무 기간이 달라지기에 더러워도 참아야 한다. 갑질 하는 진상 고객에게도 직장인은 그저 죄인처럼 머리를 조아리는 수밖에 없다. 회사의 부품이기 때문이다.

덜 상처 받기 위해 직장인은 가면을 쓰고 자기감정을 무시하려 애쓴다. 출근과 동시에 다른 사람이 되는 것이다. 회사가 원하는 대로 스스로 기계가 되고 사물이 된다. 그렇게 감탄하는 능력을 상실하면 무기력이 찾아온다. 타인이 원하는 감정이 아닌 온전한 자기감정을 느낄 때 우리는 존재로서 주체성을 회복할 수 있다.

얼마 전 매출 실적으로 회사에서 심하게 압박을 받았다. 잔뜩 예민해진 나는 상한 기분으로 오전 시간을 망치고 점심시간에야 정신을 차렸다. 개천을 걸으니 모두 마스크를 쓰고 있었지만 다들 따사로운 햇살을 받으며 새하얀 벚꽃잎이 흩날리는 봄날을 즐기고 있었다. 불청객 같은 코로나19에도 봄은 반가운 손님처럼 찾아와 주었다. 온몸으로 봄을 느끼며 감탄의 시간 속에서 회사의 부품이었던 나는 다시 일하는 사람으로 돌아올 수 있었다.

진짜 삶의 두 번째 조건은 집중력이다. 저자는 진정으로 집중하면 지금 이 순간에 하는 일이 이 세상에서 가장 중요해진다고 강조한다. 내가 지금 살아있음을 온전히 느끼라는 것이다. 내가 처음 책을 쓰며 느낀 점도 '지금의 나를 사랑하고 나의 지금을 사랑하자'라는 것이었는데 《나는 왜 무기력을 되풀이하는가》를 읽으며 이 다짐을 다시 한 번 상기하게 되었다.

우리는 남과 자신을 비교할 때가 아닌 나 자신을 극복할 때 진정한 만족을 느낀다. 지금 부족하더라도 나를 그대로 인정하고 사랑할 때 어제보다 조금 더 나은 오늘의 내가 된다. 이렇게 '지금의 나'를 사랑하면 자연스럽게 '나의 지금'을 사랑하게 된다. 내가 지금 만나는 사람, 하는 일, 추구하는 가치, 열망하는 꿈, 함께 사는 공동체를 사랑하는 것이다. 이렇게 우리는 지금 여기에 존재함으로써 성숙한 존재가 되어간다.

86. 에리히 프롬, 라이너 풍크, 《나는 왜 무기력을 되풀이하는가》, 나무생각, 2016, 199쪽

진짜 삶의 세 번째 조건은 갈등과 긴장을 받아들이는 능력이다. 우리는 갈등을 피해야 하는 것으로 인식하지만 저자의 생각은 다르다. "갈등은 감탄의 원천이며, 자신의 힘과 흔히 '성격'이라 부르는 것을 개발하는 원천이다. 갈등을 피하면 인간은 마찰 없이 돌아가는 기계가 된다."[86]

'메기 효과'는 노르웨이의 어느 어부가 정어리 수족관에 메기를 집어넣은 데서 유래하였다. 바다에서 잡은 정어리들은 항구에 도착하는 동안 대부분 죽는다. 그런데 천적인 메기를 넣어주면 정어리들이 싱싱한 활어 상태로 항구에 도착한다. 인간은 탄생과 동시에 죽음 직전까지 내내 갈등과 긴장 속에 살아간다. 이렇듯 삶은 고난의 연속이지만 우리는 갈등과 긴장의 메기 효과 덕분에 건강한 존재로 삶을 영위할 수 있다.

자발성과 개성을 포기하면 삶은 좌절한다

단군 이래 처음으로 자식이 부모보다 못 사는 세대가 된 우리에게 꼰대들은 말한다. 너무 풍족해서 헝그리 정신이 없다고, 진정으로 바라고 노력하면 되는데 핑계 대지 말라고 말이다. 이에 에리히 프롬은 '팩트 폭격'을 가한다.

"우리 사회의 성인들은 사실 믿을 수 없을 정도로 무기력하다. 자신이 약한 것이 다 자기의 책임이라고 믿게 될수록 무기력이 더욱 심한 압박으로 다가온다. 그에게는 자신의 운명을 결정할 힘이 전혀 없다. 그가 어떤 능력을 갖출 수 있는지를 출생의 우연이 결정한다. 일자리를 구할 수는 있을지, 어떤 직업을 선택할 수 있을지도 본질적으로 그의 의지나 노력과는 상관없는 요인들이 결정한다. 심지어 파트너를 선택하는 자유조차 경제적, 사회적 경계의 제약을 받는다. 기분, 의견, 취향은 주입된 것이며, 어떤 일탈을 저지르면 더 심한 고립으로 죗값을 치러야 한다."[87]

우리의 무기력은 우리의 잘못이 아니다. 인간의 이기심이 만든 패러다임에 세뇌당해 이리 치이고 꼰대들의 기득권에 짓밟혀 저리 치이며 수동적 사물이 되었다. 남 탓하며 현실을 회피하자는 것이 아니다. 억울한 무기력을 자각해야 자기 자신이 되는 첫걸음을 뗄 수 있다.

결론적으로 저자는 진짜 삶의 세 가지 조건을 통해 매일 새롭게 태어날 준비를 하라고 권고한다. 이를 위해 가장 중요한 것은 용기다. "모든 탄생의 행위는 용기를 필요로 한다. 놓아버릴 용기, 자궁을 포기하고 엄마의 가슴과 품을 떠나며 엄마의 손을 놓고 마침내 모든 안전을 버리고 단 하나, 즉 사물을 실제로 인식하고 그것에 응답하는 자신의 힘만을 믿는 용기를 필요로 한다."[88]

자발성과 개성을 포기하기는 순간 무기력은 우리를 습격한다. 우리 모두 용기를 잃지 않으면 좋겠다. 진짜 나의 삶을 사는 주체적 존재로 매일 매일 조금씩 거듭날 때 무기력은 점점 무기력해질 것이다.

87. 에리히 프롬, 라이너 풍크, 《나는 왜 무기력을 되풀이하는가》, 나무생각, 2016, 179쪽

88. 에리히 프롬, 라이너 풍크, 《나는 왜 무기력을 되풀이하는가》, 나무생각, 2016, 202쪽

예전 같지
않다는 말을

하
게
될
줄
이
야

밉지만 멋진 축구선수의 비결

포르투갈 축구선수 크리스티아누 호날두는 1985년생이다. 그는 서른 중반을 넘긴 나이에도 강력한 피지컬을 뽐낸다. 메디컬 테스트 결과, 그의 신체 나이는 23살로 밝혀졌다. 매체와의 인터뷰에서 그는 40대에도 계속 선수로 뛰겠다며 자신감을 내비쳤다.

2년 전 국내에서 치러진 친선경기에서 호날두는 '노쇼 사태'로 국내 팬들의 원성을 샀다. '우리 형'으로 불리던 그는 '날강두'라는 별명을 얻었다. 2년이 지난 지금 국내 팬들 사이에서 비록 그의 인성은 '날강두'지만 실력만큼은 여전히 '우리 형'으로 인정하자는 분위기가 다시 조성되고 있다. 여전히 그의 플레이는 한국 나이로 37세라는 사실이 믿기지 않을 정도로 훌륭하다.

나는 호날두와 같은 또래지만, 30대가 꺾이니까 "몸이 예전 같지 않네."라는 말을 자주 하게 된다. 축구를 워낙 좋아해서 30대 초중반까지만 해도 일주일에 한 번 이상 축구를 하지 않으면 스트레스 관리가 안 될 정도였다. 그런데 지금은 축구를 하지 않는다. 언제부턴가 무릎에 부담이 가기 시작하면서 혹시나 십자인대 파열이라도 되면 어쩌나 염려가 생겼기 때문이다. 주변에 나이 들어 과격한 운동을 하다가 크게 다치는 경우를 여럿 보았던 탓도 있다.

밉지만 멋진 호날두의 건강 비결은 꾸준한 운동과 식습관에 있다. 그는 잠들기 전이나 잠에서 깬 후에도 침실에서 복근 운동을 할 정도로 틈만 나면 철저히 자기 몸을 관리한다. 하루에 식사는 소량으로 6번, 잠은 수면 리듬을 고려해 5번으로 나누어 최고의 몸 상태를 유지한다. 아침에 치즈와 햄, 저지방 요구르트를 섭취하고 점심은 두 번에 걸쳐 치킨과 샐러드, 참치와 올리브, 달걀, 토마토를 먹는다. 간식은 과일과 아보카도 토스트를 즐기고 저녁에는 생선과 샐러드, 스테이크와 오징어로 식사를 한다.[89]

우리 몸에 대한 잘못된 인식

나도 호날두처럼 노력하면 신체 나이 20대로 돌아갈 수 있을까? 마이클 로이젠과 메멧 오즈는 저서 《내 몸 젊게 만들기》에서 노화는 피할 수 없지만 분명 그 속도를 늦출 수 있다고 주장한다. 즉, 30대가 20대의 몸으로 돌아가지는 못하지만 지금부터 관리하면 30대의 건강이 40, 50대에도 유지된다는 말이다. 30대인 호날두의 신체 나이가 23세인 이유는 20대부터 꾸준히 몸 관리를 해오며 20대의 건강을 유지했기 때문이다.

《내 몸 젊게 만들기》는 노화에 대한 우리의 잘못된 인식을 꼬집는다. 그중 하나가 늙으면 아픈 게 당연하다는 생각이다. 노인들은 '늙으면 빨리 죽어야지'라는 마음에도 없는 거짓말을 입버릇처럼 한다. 늙고 병든 자신이 자식과 주변 사람에게 짐이 될까 우려해서다. 저자는 '체력 강화, 숙면, 칼로리 제한'이라는 세 가지 특효약으로 건강 관리를 하면 노화의 70퍼센트를 조절할 수 있다고 강조한다.

최근 나는 나이 들어서도 꾸준히 할 수 있는 운동으로 검도를 시작했다. 검도는 나중에 아이들과 함께할 수 있는 가족 운동이기도 하다. 무엇보다 부상의 위험이 축구보다 현저히 낮다. 축구 경기를 할 때도 거친 몸싸움을 즐겼던 내가 어느새 안전을 추구한다는 것은 확실히 나이가 들었다는 증거일 터. 20대와 비교할 때 30대에 가장 큰 변화는 체력 저하와 체중 증가다. 어르신이 보면 어린놈이 늙은 척한다고 혀를 끌끌 차겠지만 내가 느끼는 20대와 30대의 몸은 확실히 다르다.

20대에는 밤새워 놀아도 다음 날에 별다른 지장이 없

89. 김성진, "'신체 나이 23세' 호날두, 완벽한 식스팩 과시… 36세에도 최정상 기량 비결", 〈스포탈코리아〉, 2021.03.05.

었지만 지금은 밤을 새우려는 엄두조차 내지 못한다. 일단 저녁을 먹고 나면 노곤해진 상태에서 아이들을 재우는데 밤 10시쯤 되면 아이들보다 내가 먼저 기절하듯 잠들 때도 있다. 두 아이의 아빠로서 글을 쓰려면 아이들이 잠든 밤 10시 이후에 허물 벗듯이 침대를 빠져나와 노트북 앞으로 가야 한다. 잠과의 사투에서 승리하지 않으면 글은 단 한 글자도 쓰지 못한다.

20대에는 체중이 불어도 며칠만 관리하면 금방 평상시 체중으로 돌아왔다. 하지만 30대가 되고나니 체중이 집값처럼 오르기만 할 뿐, 내릴 생각을 하지 않는다. 평상시 식단 관리와 운동을 지속하지 않으면 체중 관리가 어렵다. 나이 들수록 기초대사량이 떨어지는데 섭취하는 칼로리는 높아지고 운동량은 줄어들기 때문이다.

노화의 속도를 늦추려면

건강 관리는 구체적으로 어떻게 하는 것이 좋을까? 《내 몸 젊게 만들기》에는 '매일 반드시 해야 하는 기본사항 다섯 가지'를 제시한다. 첫째, 하루 1만 보를 목표로 매일 30분씩 걷는다. 둘째, 치아 건강을 위해 칫솔과 치실을 사용한다. 셋째, 하루 5~6잔의 충분한 물을 마신다. 넷째, 밤에 7~8시간의 충분한 잠을 잔다. 다섯째, 하루에 중간중간 5분씩 명상을 통해 내 몸의 영혼과 뇌를 재충전한다.

나의 하루 평균 수면 시간을 계산해보면 5시간 정도에 불과하다. 고3 수험생일 때 오히려 지금보다 잠을 더 잘 잤다. 비단 나에게만 국한된 문제는 아닐 것이다. 거의 모든 현대인들은 만성적인 수면 부족에 시달리니까.

저자는 수면 부족이 정신 능력 감퇴나 과식을 초래하는데 이것이 노화를 촉진한다고 말한다. 또한, 하루 수면 시간이 6시간 미만일 경우 바이러스에 감염되거나 심장병, 중풍이 생길 확률이 50퍼센트 이상 높아진다고 경고한다. 하지만 현대인들은 수면 부족에 대해 크게 걱정하지 않으며 카페인에 중독된 삶을 당연하게 여긴다.

심지어 최근 MZ세대 사이에 '미라클 모닝'이라는 새로운 자기 계발 열풍이 불고 있다. 미라클 모닝은 꼭두새벽에 일어나 공부, 운동, 명상 등을 하는 것이다. 코로나 장기화로 쌓인 우울증과 불안감을 젊은 세대가 자기 계발로 극복하려는 움직임은 긍정적이나 수면 부족으로 건강을 해칠까 걱정된다.

노화를 최대한 늦추기 위해서는 숙면이 필수다. 사람

이 잠을 자지 못하면 굶어 죽는 것보다 빨리 죽는다고 한다. 고문 중에 잠을 재우지 않는 방법이 있을 정도로 잠은 건강과 직결된다. 저자는 숙면을 위한 가이드를 제시한다.

첫째, 수면 계획을 세워 취침 시간 15분 전에 모든 수면 준비를 마치고 7~8시간을 잔다.

둘째, 밤에 수면에 방해가 되는 일을 피한다. 인공조명의 자극을 피하기 위해 잠들기 몇 시간 전부터 전자기기, 실내등 등 모든 불빛을 줄인다.

셋째, 15분 이내에 잠들 수 없어도 계속 자려고 노력한다. 가벼운 운동이나 명상, 음악 감상 등이 도움이 된다.

넷째, 잠들기 1시간 30분 전에는 술이나 담배, 격렬한 운동을 피한다. 잠들기 3시간 전에는 카페인 섭취와 음식물 섭취를 피한다.

다섯째, 수면을 방해하는 통증이나 알레르기가 있다면 적절한 처방 약의 도움을 받는다.

나도 숙면을 위해 밤늦도록 글을 쓰는 것을 자제하고 최소 7시간은 자도록 수면 계획을 세우려 한다. 잠들기 전에 스마트폰으로 보는 콘텐츠 추천 알고리즘의 달콤한 유혹도 과감히 끊어내야 한다. 아이들이 잠든 시간에는 보상 심리가 작동하여 '이 고요한 시간을 활용해야 한다!'라는 강박감이 드는데 어쨌거나 숙면을 위한 사고의 전환도 필요할 것 같다. 현실적으로 어렵겠지만, 밤 9~10시쯤 아이들과 함께 잠들어서 새벽 4~5시쯤 일어나 글을 쓰는 루틴 만들기도 한번 시도해봐야겠다.

노화 방지를 위한 칼로리 제한

칼로리를 제한하는 것, 즉 과식하지 않고 균형 잡힌 식사를 하는 것도 간과해서는 안 된다. 몇 년 전 동네 한의원에서 들은 흥미로운 이야기가 생각난다. '안물안궁'이었지만 원장은 진료 내내 현대인이 섭취하는 음식에 대해 열변을 토했다. 그의 장황한 말을 종합해보니 결국 육식이든 채식이든 모두 유전자 조작과 환경오염 때문에 몸에 좋지 않다는 내용이었다.

"원장님 말씀 들으니까 라면만 먹어야 할 것 같아요. 원장님은 도대체 어떤 음식을 드세요?"

"뭘 먹어도 몸에 해로우니 나는 아예 조금만 먹지요."

당시에는 웃어넘겼는데 건강에 관심을 두니 그의 음

식 철학이 무게 있게 와 닿는다. 책에서도 3일간 칼로리 제한 식사를 해보라고 권한다. 단 3일만 다이어트를 해도 위가 반응하는 것을 알 수 있기 때문인데 목표는 "더 좋은 음식을 좀 더 현명한 양으로 섭취하는 것"이다.

방법은 간단하다. 매일 섭취하는 양의 4분의 3을 먹거나 양을 줄이기 어려우면 건강에 좋은 음식으로 대체하는 것이다. 이때 물은 얼마든지 마셔도 좋은데 물이 독소를 제거하고 탈수를 방지하기 때문이다. 저자는 노화 방지책인 칼로리 제한이 어떤 것인지 3일간 스스로 느끼는 것이 중요하다고 말한다. 진짜 배고픔과 가짜 배고픔을 구분하여 건강하게 살아가기 위한 올바른 길을 찾는 계기가 될 것이기 때문이다.

우리의 몸은 일회용이 아닌 최고급 명품

네 식구를 책임지는 가장이 되니 더 이상 내 몸이 내 몸이 아니다. 건강 관리에 신경을 쓰지 않을 수 없다. 하루가 다르게 커가는 아이들을 보며 나는 절대 아프면 안 된다는 부담감이 때때로 어깨를 짓누르지만 가족이 주는 거룩한 책임감이 나를 더욱 고무시킨다.

하마터면 노화의 실체도 모른 채 늙을 뻔했다. 천하를 얻고도 건강을 잃으면 모든 것을 잃는다고 했다. 많은 사람이 자신의 몸을 일회용이라 착각하며 함부로 다룬다. 저자는 우리의 몸을 "마땅히 오랜 시간이 흘러도 성능이 변치 않는 최고급"으로 여겨야 한다고 역설하며 지금 당장 노력하면 누구나 100세 이상 건강하게 살 수 있다고 말한다.

"누구도 황금 같은 시간을 미음이나 받아먹으며 욕창에 시달리거나 과거 80년의 일을 기억하지 못한 채 살기를 원치 않는다. 많은 사람이 80대에도 30대처럼 살고 싶어 하며, 또렷한 정신상태로 삶의 지혜를 활용하길 바란다. 따라서 목표는 단순히 백스무 살까지 사는 것이 아니라 건강하고 오랫동안 양질의 삶을 사는 데 두어야 한다."[90]

100세 시대라는 말이 유행한 지도 한참 됐다. 노후 준비를 위해 젊을 때부터 연금저축을 하듯 지금부터 건강 저축이 필수다. 100세 철학자 김형석 교수는 인생을 이렇게 정의했다. "나이 들도록 열심히 일하는 것, 90세가 넘어서고 100세를 바라보면서도 사회 도움을 주기 위해 노력하는 것, 끊임없이 푯대를 향해 달려가는 것, 그것이 인생입니다."[91]

90. 마이클 로이젠, 메멧 오즈, 《내몸 젊게 만들기》, 김영사, 2009, 31쪽

김형석 교수를 보며 나이 듦의 참된 가치를 깨닫는다. 100세를 살아도 늙고 병들어서 사회의 눈치를 보는 것이 아니라 늙어서도 건강한 심신으로 사회에 공헌하는 그의 삶을 본받고 싶다. 삶이 끝나가는 즈음이라 해도 나는 내 시간을 근근이 연명하는 것이 아니라 인간 존재로서 주어진 시간을 충분히 선용하는 데 쓰고 싶다.

91. 최상경, ""100년을 살아보니…" 김형석 교수가 보여준 '인생의 길'", 〈데일리굿뉴스〉, 2021.02.01.

처음으로

여행이
우리를 떠났다

"처음으로, 여행이 우리를 떠났습니다. 여행이 떠나고 나서야 알게 되었습니다. 여행이 있던 일상의 소중함을. 모든 여행의 마지막은 제자리로 돌아왔듯이 우릴 떠난 여행도 그리고 일상도 다시 돌아올 것입니다."

한 광고 카피가 심금을 휘저었다. 지난해 8월에 공개된 아시아나항공의 광고 영상 '여행이 떠났다' 편이 두 달 만에 유튜브에서 1천만 뷰를 넘기며 화제가 되었다. "올해 최고의 광고다", "광고 보고 운 적 처음이다" 등 영상에 달린 댓글을 보며 가슴이 먹먹해졌다. 격변의 시간 속에서 우리의 마음이 이토록 무너지고 있었던 건지. 1분짜리 영상이지만 몇 시간짜리 영화보다 더 진한 여운이 남았다.

우리가 여행을 떠난다고만 생각했는데 처음으로 여행이 우리를 떠나버린 시대가 되었다. 예전에 회사 영어회화반 레벨 테스트에서 나온 질문이 떠오른다. "당신은 자유여행과 패키지여행, 둘 중 어느 것을 선호하는가? 그 이유는 무엇인가?" 지금이야 뭐가 됐든 여행만 갈 수 있다면 '땡큐 소 머치'를 외쳤겠지만 당시에는 행복한 고민인 줄도 모르고 어떤 여행을 고를지 망설였다.

머릿속으로는 스포츠카 엔진처럼 굉음을 내며 수많은 말들이 회전하였지만, 정작 입은 뚜껑 닫힌 오픈카 실내처럼 고요했다. '나는 자유여행을 더 좋아한다. 자유여행은 말 그대로 자유로운 여행이기 때문이다. 컨디션과 상황에 맞게 스케줄을 짤 수 있고 마음에 드는 장소에서는 더 많은 시간을 할애하여 여유롭게 여행을 할 수 있다. 또한 잘 짜인 패키지여행에서는 경험할 수 없는 뜻밖의 체험을 할 수 있다. 현지인의 집에서 생활하며 삶의 향기를 느끼고 낯선 마을을 느긋하게 산책하며 사색에 잠길 수 있다.'

왕거미 똥구멍에 줄줄 거미줄이 나오듯 뇌 속에 표류하는 말이 영어로 술술 나온다면 얼마나 후련할까? 굳게 다물었던 입에서 간신히 새어 나온 대답은 간단했다. "I like free travel. Because I want to use my time freely." 사실 이 이상의 어떤 말이 더 필요하겠냐며 애써 자신을 위로했던 기억이 난다. 패키지여행을 선호하는 사람이라면 어떻게 답을 했을까?

새로운 패키지여행

관찰을 주업으로 삼는 인지과학 박사 알렉산드라 호로비츠는 관찰 전문가들과 함께 1:1로 11번의 산책을 떠났다. 지질학자와 의사, 음향 엔지니어와 타이포그라퍼를 비롯하여 아기와 반려견에 이르기까지 11명의 관찰자들과 떠난 일종의 패키지 여행이었다. 특이한 점은 똑같은 산책길을 다른 이들의 시선으로 다양하게 바라보았다는 것이다. 이 경험을 통해 알렉산드라 호로비츠는 '같은 길을 걸어도 다른 세상을 보는 법'을 담은《관찰의 인문학》을 집필했다.

저자는 신비로운 패키지여행의 경험을 이렇게 표현한다. "이 산책들이 내 머릿속에 미친 영향은 손에 잡힐 정도로 또렷하다. 내 시야는 완전히 달라졌다. 이제 내 머리는 나뭇잎에서 벌레혹을 찾아보고, 에어컨이 윙윙대는 소리를 듣고, 도시 골목에 버려진 쓰레기의 역겹도록 달콤한 냄새 또는 내 얼굴에 남은 비누 냄새를 맡을 수 있게 준비 태세를 갖추고 있다. 나는 이제 내 자신의 숨소리를 들을 수 있고, 심장 고동을 느낄 수 있고, 내가 길을 걷다가 보도의 다른 행인들과 공간을 협상할 때 몸무게가 어느 쪽으로 쏠리는지 감지할 수 있다. (중략) 이제 내게 있어 걷기는 단지 육체를 수송하는 수단이 아니라 정신적인 고양을 가능케 하는 도구이자 몹시 매력적인 행위다.

92. 알렉산드라 호로비츠,《관찰의 인문학》, 시드페이퍼, 2015, 338~339쪽

(중략) 나는 우리 모두가 한때 지녔으나 느끼는 법을 잊고 있었던 것, 바로 경이감을 되찾았다."[92]

저자의 11가지 산책 이야기 중 19개월 된 아들과의 여행이 인상 깊었다. 아들에게 산책의 모든 주도권을 맡긴 저자는 아들의 시선을 통해 산책의 새로운 의미를 깨닫는다. 문득 나도 아들에게 관찰력을 배우고 싶다는 생각이 들었다. 나라고 못 할쏘냐. 아들이 안내하는 동네 패키지여행을 떠났다. 나는 세 가지 원칙을 세웠다.

1. 아들에게 '안 돼!'라는 말 금지
2. 아들보다 앞서 가지 않기
3. 아들에게 내 뜻대로 제안하지 않기

아들이 안내하는 동네 여행

"선강아, 나가자. 아빠랑 놀러 가자!"라는 말에 아들의 동공이 확장됐다. 아들이 먼저 현관문으로 달려가 문 말굽을 쓰다듬었다. 문 말굽은 현관문에서 유일하게 아들의 키보다 아래에 있어 아들이 만만하게 생각하는 놀잇감이다. 문을 열자 아들은 복도에 있는 자전거 바퀴를 한번 만진 후 엘리베이터로 달려갔다. 엘리베이터 앞에 멈춰 선 아들이 씨익 웃으며 나를 바라보았다.

아들은 놀이터 방향으로 발걸음을 재촉했다. 내 오른쪽 검지 손가락을 왼손으로 움켜쥔 채 아들은 "웰컴 투 선강's 패키지 투어!"라고 외치는 듯 괴성을 질러댔다. 생후 18개월 김선강 가이드는 제일 먼저 시소로 향했다. 아들을 시소에 앉히고 나는 반대편에서 서서 팔로 시소를 움직이자 아들이 낑낑대며 불만을 토해냈다. 나도 시소에 앉으라는 뜻 같았다. 아들과 동등한 눈높이에서 시소 놀이를 하자 활짝 웃는 아들. 가지런한 이빨이 사랑스러웠다.

건치 미남은 잠시 고민 후 분수대로 향했다. 아직 분수가 뿜어져 나오는 시간이 아니었기에 아들은 난간에 올라서서 고여 있는 물을 가만히 관찰하였다. 이따금 물을 가리키며 알 수 없는 언어로 무언가를 설명하기도 했다. 아들은 분수대를 한참 바라보다 '안녕!' 손을 흔들었다. 아이의 눈에는 분수대도 생명을 가진 좋은 친구가 된다는 것을 알았다. 어쩌면 아들이 분수대에 생명력을 공급했다는 표현이 더 적절할지도 모르겠다.

그때 휠체어 두 대가 잇따라 지나갔다. 아들은 소스

라치게 놀라며 내 손을 꼭 붙잡았다. 휠체어가 지나가고 미끄럼틀로 올라간 아들. 웬일인지 내려오지 않고 한참 앉아서 주위를 살폈다. 아들의 시선을 따라가니 분수대 앞에 휠체어 두 대가 있었다. 요양원에서 할머니들의 산책을 돕는 것 같았다.

미끄럼틀은 아이들이 스피드를 즐기기 위한 놀이기구라고만 생각했는데, 이 순간 아들에게 미끄럼틀은 무서운 휠체어를 감시하는 관측소이자 대피소였다. 휠체어가 더 이상 위협적인 존재가 아님을 확인하자 아들은 스피드를 즐기며 미끄러져 내려와 옆에 있는 놀이터로 향했다. 놀이터 바닥에는 모래가 깔려 있다.

아들은 근엄한 표정의 지질학자가 되어 모랫바닥에 입장했다. 샌들 사이로 들어온 모래의 촉감이 이상했는지 지질학자는 한쪽 발을 들고 낑낑거리기 시작했다. 발에 들어간 모래를 빼내라는 신호였다. 모래를 털어주니 다시 모래를 향해 돌진하고 또 모래를 빼내라고 낑낑거리기를 반복했다. 슬리퍼를 신고 있던 나는 그냥 슬리퍼 안에 잔뜩 모래를 집어넣고 걸어 다녔다.

그러자 무엇이든 따라 하는 아들은 금방 내 행동을 흉내 냈고 더 이상 모래를 불편해하지 않았다. 따라쟁이는 작은 돌멩이, 나뭇가지, 조개껍데기를 차례로 관찰했고 친숙한 물건을 발견하자 아들의 보드라운 볼에 보조개가 얕게 패었다. 플라스틱 병뚜껑으로 모래를 파면서 놀다 이내 싫증이 났는지 아들은 병뚜껑을 모랫바닥에 던졌다.

변덕쟁이는 가장 높은 곳에 있는 구불구불한 미끄럼틀로 올라갔다. 미끄럼틀에 앉다가 벗겨진 아들의 모자가 구불구불 미끄러져 내려갔다. 그 모습에 아들이 깔깔거리며 웃었다. 아이에게는 사소한 소품조차 박장대소할 수 있는 훌륭한 놀잇감이 될 수 있구나! 아이의 창조력과 종잡을 수 없는 웃음 포인트가 놀라웠다.

미소 천사는 다시 가이드로 변신하여 나를 끌고 갔다. 분수대에서 물이 뿜어져 나오고 있었다. 가이드는 난간에 올라서서 힘차게 솟구치는 물줄기를 감상했다. 공중에 흩어지는 물방울의 시원한 촉감을 피부로 느끼며 우리는 한동안 그곳에 머물렀다. 물이 바닥에 부딪히며 내는 소리, 경비아저씨의 빗자루 소리, 나무 위의 참새 소리가 어우러져 상쾌한 하모니를 만들어냈다.

여행을 인도하느라 수고한 아들에게 답례로 핑크퐁 음료를 선물하며 일정을 마쳤다. 스마트폰을 확인해보니 새로운 관점으로 찍은 사진 156장이 들어 있었다. 평범한 공간이 특별해지는 관찰의 신비함으로 기록된 흔적이었다.

다시 우리가 여행을 떠나자

얼마 전 아들과 길을 가는데 지나가던 할머니가 "아이고, 어쩌면 좋아. 아기가 마스크를 쓰고 있으니 얼마나 답답할꼬"라고 탄식했다. 처음에는 마스크를 완강히 거부하는 아들을 달래느라 별짓을 다 했지만 이제는 외출할 때 아들이 먼저 마스크를 찾는다. 기특하면서도 안쓰럽다. 마스크를 쓰지 않고 친구들과 마음껏 뛰어놀았던 아이의 일상이 멈춰 섰다. 아니, 새로운 일상으로 대체되었다.

매일 반복되는 생활 속에서 우리는 일상의 소중함을 잊어간다. 지루하고 무미건조한 일상에서 벗어나 신나고 자극적인 일탈을 꿈꾼다. 일탈의 끝판왕은 여행이다. 장소, 사람, 음식, 언어 등 모든 일상을 송두리째 바꿔놓기 때문이다. 하지만 일탈이 주는 기쁨에는 구멍이 뚫려 있다. 신혼 때 독일에서 설레는 한 달을 보내면서도 고통스러웠던 것은 매일 먹던 집밥에 대한 그리움이었다. 결혼 전 30년간 독립을 꿈꾸다 드디어 오피스텔에 혼자 살았을 때 느꼈던 자유가 공허했던 이유도 마찬가지였다. 매일 보던 가족의 부재 때문에 헛헛했던 것이었다.

알랭 드 보통은 저서 《여행의 기술》에서 “우리가 여행으로부터 얻는 즐거움은 여행의 목적지보다는 여행하는 심리에 더 좌우될 수도 있다는 것이다.”[93] 라고 말했다. 그의 말에 따르면 ‘여행하는 심리’란 우리의 습관과 관련이 있다. 우리는 익숙한 것들에 감흥을 느끼지 못하지만 낯설고 새로운 장소에 가면 사소한 하나하나에 감탄한다.

알랭 드 보통은 이런 습관화의 과정을 역전시키면 평범하고 일상적인 공간 속에서 여행의 보람을 느낄 수 있다고 말한다. 그는 사비에르 드 메스트르가 새로운 눈으로 자신의 방을 관찰하며 여행한 이야기를 담은 책 《나의 침실 여행》을 소개한다. 드 메스트르는 파자마로 갈아입고 방 안의 소파, 침대 등을 관찰하며 그에 얽힌 사연들에 대한 기억으로 방 여행을 한다.

《팡세》에 나오는 “인간 불행의 유일한 원인은 자신의 방에 고요히 머무는 방법을 모른다는 것이다”라는 말이 사실이라면 드 메스트르는 최고로 행복한 사람일 것이다. 그에게 영감을 얻은 알랭 드 보통은 이미 오래전에 흥미를 잃어 ‘목적지까지 실어다 줄 네모난 상자’ 같이 여기던 자신의 동네를 새로운 눈으로 여행한다. “전에 이곳에 와본 적이 없는 것처럼 주위를 둘러보기로 한 것이다. 그러자 서서히 여행의 보람이 나타나기 시작했다.”[94]

달라진 일상 속에서 일탈의 짜릿함보다 일상의 담백함을 더욱 생각하게 되는 요즘이다. 알렉산드라 호로비츠는 우리도 순수한 관찰과 집중력을 통해 주목받지 못한 것들에 주목할 수 있는 눈을 가질 수 있다고 말한다. 패키지여행이냐 자유여행이냐가 중요한 것이 아니라 나만의 눈으로 무엇을 어떻게 바라보느냐가 여행이 주는 참된 기쁨을 여는 열쇠가 될 것이다.

여행이 우리를 떠났다고 슬퍼하고만 있을 때가 아니다. 지금 당장 다시 여행을 떠날 때다. 내 방과 동네에서부터 일상 여행을 시작하는 것이다. 내일 죽는 이들이 가장 그리워하는 것은 우리가 당연하고 평범하게 여기는 오늘의 시간이다. 진정한 여행은 내게 주어지는 일상의 충만함을 누리는 것이 아닐까. 지치고 힘든 이때가 어쩌면 일상에서 경이감을 회복하는 가장 좋은 시간일지도 모른다.

93. 알랭 드 보통, 《여행의 기술》, 청미래, 2011, 308쪽
94. 알랭 드 보통, 《여행의 기술》, 청미래, 2011, 314쪽

내 청춘은

끝난 것인가

지금 알고 있는 걸 그때도 알았더라면

만일 10대로 돌아간다면 무엇을 하고 싶은가? 나는 닥치는 대로 많은 독서를 할 것이다. 다양한 책을 통해 쌓은 간접 경험은 내가 무엇을 좋아하고 어떻게 살아갈지에 대한 실마리가 된다. 나를 옥죄던 입시 경쟁에서 벗어나 실타래를 풀어가듯 나를 찾아가는 10대를 보냈다면 얼마나 좋았을까. 10대에는 내가 스스로 즐겁게 하고 싶은 공부가 무엇인지 발견하는 것이 중요한데 돌아보면 나는 꼭두각시처럼 '영혼 없는 10대'를 보냈다.

20대로 돌아간다면 무엇을 하고 싶은가? 취업을 위한 스펙 쌓기 대신 나의 사상과 철학의 뼈대가 될 전공을 선택해 깊이 있게 공부할 것이다. 또한, 세계 여행, 국토대장정, 아르바이트, 사업 등 몸으로 부딪치며 실전 경험을 쌓고 인문학적 소양을 함양하는 취미 활동과 평생 지속할 무도를 시작하고 싶다. 스펙을 위해서가 아닌 보다 넓은 세계로 나아가기 위한 어학연수도 빼놓을 수 없다. 20대에는 다양한 검증을 통해 더욱 깊이 자신을 알아가는 심화 과정이 필요하다. 돌아보면 나는 휴학 한번 없이 대학, 군대, 취업으로 이어지는 '쉼표 없는 20대'를 보냈다.

10대에는 생각이 없었고 20대에는 여유가 없었다. 어느 시집 제목처럼 '지금 알고 있는 걸 그때도 알았더라면'이라며 후회한들 공허한 외침일 뿐이다. 사실 지금이라고 생각이 정리되고 여유가 생겼겠는가. 40, 50대가 되어 돌아볼 나의 30대도 분명 후회투성이일 것이다. 평범한 사람은 지금 알고 있는 걸 그때도 알 수 없으니까. 아프니까 청춘이 아니라 후회하니까 청춘이다.

어떻게 바라볼 것인가

우리는 보는 대로 믿고 믿는 대로 본다. 클리셰 같지만 물이 반쯤 담긴 컵을 보며 물이 반이나 있다고 할지, 반밖에 없다고 할지는 믿음에 달렸다. 나이에 대해서도 마찬가지다. 누구는 30대를 꽃피는 청춘이라고 한다. 또 누구는 이미 져버린 청춘이라고 하며 60대에 KFC를 창업한 커넬 할아버지에게 지팡이로 후려 맞을 소리를 한다.

청춘의 사전적 정의는 "새싹이 파랗게 돋아나는 봄철이라는 뜻으로, 십 대 후반에서 이십 대에 걸치는 인생의 젊은 나이 또는 그런 시절을 이르는 말"이다. 10, 20대만 청춘으로 한정해 놓은 사전의 권위에도 굴하지 않고 30대가 청춘이라고 말하는 이들의 '근자감'은 무엇일까? '태어나서 이제까지 살아온 인생에서 오늘의 나는 가장 늙었다'라고 생각하는 사람은 날마다 거울 앞에서 늘어가는 주름살, 쳐지는 뱃살을 보며 한탄할 것이다.

그러나 '남은 인생에서 오늘의 나는 가장 젊다'라고 생각하는 사람은 오늘의 나를 소중히 여기며 감사할 것이다. 사회적 통념으로 바라본 나이가 아닌 개개인의 관점에 따른 믿음이 청춘의 본질적인 기준이 되어야 하지 않을까. 이처럼 사회가 바라보는 고정관념에서 벗어나야 한다고 힘주어 말하는 이가 있다. 박용후 피와이에이치 대표는 고정관념의 파괴자로 명성이 높다. 그는 저서 《관점을 디자인하라》에서 시종일관 당연함을 부정하고 다른 관점을 가지라고 강조한다.

인사이트 1. only one의 정체성

책을 통해 크게 3가지 인사이트를 얻었는데 그중 하나는 only one의 정체성에 대한 관점이다. 저자는 홍보 마케팅을 하는 사람이지만, 자신을 관점 디자이너, 즉 관점을 바꿔 생각의 방향이나 구조를 바꾸는 일을 하는 사람이라고 소개한다. 그 이유는 one of them이 아닌 only one이 되고 싶은 그의 바람 때문이다.

그는 '내가 어떻게 불리면 행복할 것인가?'를 고민하여 차별화된 네이밍을 선택하라고 말한다. "내가 무엇을 추구하는 의사이고 어떻게 일하는 변호사인지 말할 수 있을 때, 내가 원하는 또 다른 직업이 만들어지고, 자신만의 이미지가 만들어진다."[95] 그동안 나는 어떻게 네이밍을 해왔는지 돌아보았다.

첫 입사지원서에는 '나의 행복을 회사와 고객에게 유통하는 사람'이라고 나를 소개했다. 유통 매니저 직무에 합격한 나는 백화점 플로어 매니저를 거쳐 상품매입본부 MD가 되었다. 첫 직장에서 만 9년을 근무한 후 첫 이직 때는 '협상력, 실행력, 창의력을 갖춘 커뮤니케이터'라고 나를 네이밍했다. 유통의 본질인 소통에 집중했더니 오프라인 출신의 핸디캡을 극복하고 온라인 MD 직무에 합격할 수 있었다. 지금 나는 '따듯한 말과 글로 사람의 마음을 움직이는 사람'으로서 only one이 되기 위해 노력하고 있다.

인사이트 2. 진정한 자유

또 다른 인사이트는 진정한 자유에 대한 관점이다. “진정한 자유인은 나 자신을 고정관념 속에 가두지 않고 사회적 통념 속에 스스로를 갇히게 하지 않는 사람을 말한다. 가두거나 갇히지 않으면서 자신의 가치를 확립해나가는 사람, 그것이 진정한 자유인의 모습이다.”[96] 많은 직장인이 경제적 자유를 통한 시·공간적 자유를 추구한다. 하지만 저자는 진정한 자유란 정신적 자유에 기인한 것이라고 말한다. 자기 철학이 확고하지 않으면 인간은 노예로 전락한다.

동시에 저자는 우리의 관점이 고정되지 않도록 변화해야 한다고 역설한다. “그러므로 우리는 끊임없이 부수고 또 부수어야 한다. 이미 결론을 내린 사항도 달라질 수 있음을, 변할 수 있음을 인정해야 한다. 만들고 부수고 만들고 부수고를 반복하면서 우리는 마침내 일반적인 한계 이상으로 발전할 수 있다.”[97] 꼰대는 스스로 발전하지 않으면서 자신의 생각만 옳다고 강요하는 사람이다. 고인 물이 썩듯이 관점이 고정되면 생각이 썩기 마련이다. 어른

95. 박용후, 《관점을 디자인하라》, 쌤앤파커스, 2018, 20쪽
96. 박용후, 《관점을 디자인하라》, 쌤앤파커스, 2018, 63쪽
97. 박용후, 《관점을 디자인하라》, 쌤앤파커스, 2018, 64쪽

과 꼰대의 차이는 얼마나 다양한 관점을 가지고 있느냐로 구별된다.

책에 소개된 어느 일본 CF 이야기가 잔잔한 감동을 주었다. 어느 추운 날, 한 남자가 술집 입구에서 꽃을 파는 할머니와 마주쳤다. 꽃을 사달라는 할머니에게 남자가 물었다. "할머니, 이렇게 추운데 왜 꽃을 팔고 계세요?" "우리 손녀가 아픈데 약값이 없어서 꽃을 팔고 있어요." 남자는 웃돈을 얹어 꽃을 사고 술집에 들어서자 그를 기다리던 친구가 말했다. "저 할머니 사기꾼이야. 항상 손녀가 아프다면서 꽃을 파는데 사실 저 할머니한테는 손녀가 없어." 그러자 화를 낼 줄 알았던 꽃을 산 남자의 표정이 오히려 환해졌다. "정말 할머니에게 손녀가 없어? 그러면 저 할머니가 말한 손녀가 안 아픈 거네? 정말 다행이다!"

나라면 당연히 화를 내고 환불을 요구했을 것이다. 나의 당연한 관점이 얼마나 편협하고 부끄러운지 일깨워준 CF에 뜨거운 박수를 보낸다. 꽃을 산 남자처럼 열린 관점을 가진 이들이 많아진다면 추운 날씨에도 세상에는 온기가 가득할 것이다. 당신이라면 어떻게 했을 것 같은가?

인사이트 3. 좋은 질문

마지막 인사이트는 좋은 질문에 대한 관점이다. 저자는 답을 찾기 이전에 질문부터 올바른지 점검하라고 말한다. 아무리 고민해도 답이 나오지 않을 때는 질문을 바꿔보는 것이다. "질문이 틀릴 수도 있다고 생각하는 순간, 다른 관점을 갖게 된다. 같은 것을 다르게 질문하면 다른 관점에서 보는 힘이 생기게 된다. (중략) 질문이 주어지면 무조건 대답부터 찾는 것이 아니라 '이것은 올바른 질문인가?'라는 생각부터 해보자."[98]

주변에 '새로운 것을 시작하기에는 늦은 나이 아닐까?'라고 고민하는 30대를 많이 본다. 나 역시 틀린 질문으로 30대 초반을 허비하며 보냈다. 출근하면 매일같이 매출 실적에 시달리며 나 자신이 하루살이같이 느껴졌다. 루틴한 업무에 염증을 느낄 때 우연히 동료가 추천한 책을 읽었다. 그 속에는 업무를 새로운 관점으로 바라보게 해주는 인사이트가 보석처럼 박혀 있었다.

매너리즘에 빠져 흐리멍덩했던 나의 눈빛이 다시 영롱하게 빛났다. '기존에 하던 일을 새

98. 박용후, 《관점을 디자인하라》, 쌤앤파커스, 2018, 46쪽

로운 관점으로 다시 시작하려면 어떻게 해야 할까?' 질문을 바꾸자 놀라운 일이 일어났다. 주도적으로 목표를 설정하고 창의적으로 업무를 진행하니 바로 어제까지 퇴사를 생각하던 내가 맞나 싶을 정도로 나는 딴사람이 되어 있었다. 지나고 보니 당시에 나는 새로운 것을 시작하고 싶었던 것이 아니라 그저 재미없고 힘든 일상을 회피하려 했을 뿐이었다. '내 청춘은 끝난 것인가?'라는 질문도 이렇게 바꿔보면 어떨까. '내 청춘이 지금이라면 당장 무엇을 할 것인가?'

꽃들에게 희망을 주려면

《관점을 디자인하라》에서 얻은 세 가지 인사이트 only one의 정체성, 진정한 자유, 좋은 질문에 대한 관점을 하나의 짧은 스토리로 응축해놓은 책이 있다. 중학생 때 읽었던 트리나 폴러스의 동화 《꽃들에게 희망을》은 사실 어른을 위한 우화이다. 더 나은 생활을 찾아 방황하던 줄무늬 애벌레는 수많은 애벌레가 오르는 기둥을 발견하자 맹목적으로 달려든다. 도중에 노랑 애벌레를 만난 줄무늬 애벌레는 사랑에 빠지고 노랑 애벌레와 기둥에서 내려와 행복한 시간을 보낸다. 하지만 줄무늬 애벌레는 미련을 버리지 못하고 '틀림없이 이보다 더 나은 생활이 있지 않을까?'라는 질문의 답을 찾아 다시 기둥을 오른다. 노랑 애벌레를 남겨둔 채.

다른 애벌레를 짓밟으며 기둥 꼭대기에 다다랐을 때 비로소 줄무늬 애벌레는 그곳에 아무것도 없다는 사실을 깨닫는다. 그 사이 '내가 이 세상에서 진정으로 원하는 것은 무엇일까?'라는 질문으로 하루하루 살아가던 노랑 애벌레는 나비가 되려는 늙은 애벌레를 만난다. "제발 말씀해 주세요. 나비가 무엇인가요?" "그것은 네가 앞으로 될 그 무엇이란다. 그것은 아름다운 두 날개로 날아다니고, 또 하늘과 땅을 연결시킨단다. 꽃의 달콤한 이슬을 마시고 이 꽃에서 저 꽃으로 사랑의 씨앗을 전해 주기도 하지. 나비가 없으면 세상에서 꽃들이 곧 사라지고 말 거야."[99]

더 나은 생활만 추구했지, 진정으로 원하는 것을 찾지 않았던 줄무늬 애벌레는 수많은 애벌레 사이에 파묻혀 one of them이 되었다. 그러나 노랑 애벌레는 존재의 진정한 자유를 꿈꾸며 목숨을 걸 정도로 큰 용기를 낸다. 고치가 되어 인고의 시간을 견딘 노랑 애벌레는 마침내 꽃들에게 희망을 줄 수 있는 only one, 나비가

99. 트리나 폴러스, 《꽃들에게 희망을》, 시공주니어, 1999, 72~73쪽

되었다. 노랑나비는 줄무늬 애벌레를 찾아가 고치가 되기를 사랑으로 설득한다. 오랜 기다림 끝에 노랑나비는 줄무늬 나비와 함께 자유롭게 날아오른다.

나의 청춘은 현재 진행형

30대의 어느 날 찾아온 어머니의 죽음 앞에서 나도 노랑 애벌레처럼 '내가 이 세상에서 진정으로 원하는 것은 무엇일까?'라는 질문으로 고치가 된 시간을 보냈다. 홀로 깊이 사색하는 인고의 시간이 지나자 책이라는 작은 열매가 맺혔다. 책을 쓰고 나니 삶을 대하는 관점이 달라졌다. 이제는 삶의 모든 순간이 스토리와 콘텐츠로 보인다.

꽃길만 걸어서는 한낱 지루한 이야기가 될 게 뻔하다. 책에 담아낸 나의 고통의 크기는 독자가 받을 위로의 크기에 비례한다. 류시화 작가의 《좋은지 나쁜지 누가 아는가》에는 "만약 우리가 삶의 전체 그림을 볼 수 있다면 지금의 막힌 길이 언젠가는 선물이 되어 돌아오리라는 걸 알까?"라는 구절이 있다. 작가는 "신이 쉼표를 넣은 곳에 마침표를 찍지 말라"고 한다.[100] 좋든 나쁘든 인생의 굴곡은 모두 좋은 글감이기에 하루하루 어떤 일이 일어날지 기대된다.

30대에는 후회하지 않기 위해 10, 20대에 하지 못했던 것들을 해보기로 했다. 책을 더 많이 읽기 시작했고 내가 누구인지 탐구했다. 아내와 한 달간 해외에서 살아보기도 했고 1년 간 육아휴직도 했다. 책을 썼으며 검도를 배우고 있다.

동시에 40대에 이루고 싶은 꿈도 지금부터 차근차근 준비하려고 한다. 아이들과 함께 등산, 캠핑은 물론 국토대장정에도 도전할 것이다. 또한, 아내와 함께 사업을 시작할 것이고 때가 되면 가족과 함께 어학연수를 떠날 계획이다. 우리 가족에게 평생 잊을 수 없는 추억이 생기지 않을까. 2~3년간 언어 습득과 동시에 다양한 책을 섭렵하며 사색의 시간을 갖는 것도 목표다. 고치가 되길 두려워하지 않는다면 자유로운 날개를 선물로 받게 될 것이다.

나의 청춘은 현재 진행형이다. 오늘 나는 가장 젊고 아름답다.

100. 전희란, 강하늘 "젊은 날의 의무는 내가 젊다는 걸 아는 것", 〈GQ〉, 2021.04.23.

본문에 소개된 책들

《나는 4시간만 일한다》
팀 페리스, 다른상상, 2017

《책은 도끼다》
박웅현, 북하우스, 2013

《밥보다 책》
김은령, 책밥상, 2019

《프로페셔널의 조건》
피터 드러커, 청림출판, 2012

《나는 왜 무기력을 되풀이하는가》
에리히 프롬, 라이너 풍크, 나무생각, 2016

《내몸 젊게 만들기》
마이클 로이젠, 메멧 오즈, 김영사, 2009

《관찰의 인문학》
알렉산드라 호로비츠, 시드페이퍼, 2015

《여행의 기술》
알랭 드 보통, 청미래, 2011

《관점을 디자인하라》
박용후, 쌤앤파커스, 2018

《꽃들에게 희망을》
트리나 폴러스, 시공주니어, 1999

덧붙여 읽으면 좋은 책들

《피로사회》
한병철, 문학과지성사, 2012

《나는 오늘도 소진되고 있습니다》
이진희, 대림북스, 2017

《꾸뻬 씨의 행복 여행》
프랑수아 를로르, 오래된미래, 2004

에필로그

서른, 문장 발견하는 즐거움을 알기 시작했다

20대까지만 해도 책을 왜 읽는지 몰랐다. 아니, 책이 유익하다는 것쯤은 알고 있었지만 좀처럼 독서에 흥미가 생기지 않았다. 가끔 제목에 이끌려 책을 사더라도 10분 정도 읽다 보면 눈물이 나기 시작했다. 감동해서가 아니라 하품이 나왔기 때문이다. 이따가 다시 읽어야지 했던 다짐으로 덮었던 책은 하루가 지나고 한 달이 지나고 일 년이 지나도 열리지 않았다.

서른이 되자 괴리감, 상실감, 불안감, 공포감이 뒤죽박죽 뒤섞여 찾아왔다. 이렇게 살아도 될까? 아무나 붙잡고 묻고 싶었다. 신에게 따지고 싶었다. 나는 진짜 누구일까? 나는 무엇을 원하고 앞으로 어떻게 살 것인가?

방황하다 답을 얻고 싶어서 지인들에게 고민을 털어놓았다. 한 지인이 책을 추천했다. 음주운전 가해 차량으로 인해 한순간에 어머니와 아내, 딸을 한꺼번에 잃은 어느 남자의 치열한 삶이 담긴 에세이였다.

위로받고 싶어 책을 펼쳤던 나는 어느새 저자를 위로하고 있었다. 그가 토해내는 한 마디 한 마디에 줄 긋고 별표 치고 페이지 귀퉁이까지 접으며 전심으로 저자와 교감하는 시간을 보냈다. 책에서 발견한 문장들이 내 마음속 괴리와 상실, 불안과 공포를 다독이고 있었다. 그렇게 문장을 발견하는 즐거움으로 나를 알아가기 위해 서른에 책을 읽기 시작했다.

인생을 어떻게 나답게 살 것인가? 책에서 고민을 치유해준 문장들을 만났다. 나부터 나 자신의 감정에 공감하며 안정감을 확보하는 것, 나만의 의미를 발견하고 그것을 추구하는 삶을 사는 것, 지금 당장 시작하는 것의 중요함을 깨달았다. 이는 '나만의 의미를 지금 당장 실현하며 살아가자'라는 한 문장으로 정리되었다.

급격히 높아진 삶의 난이도를 극복할 나다운 길이 무엇인가? 책에서 고민을 어루만진 문장들을 찾았다. 복잡계일수록 주체적으로 사는 '사람'이 답이라는 것, 진정한 부는 자신의 가치관으로 어떻게 정의하느냐에 달려있다는 것, 진정한 자기 훈육은 본능에 맞서 싸우는 능력이라는 것을 느꼈다. 이는 '세상의 속삭임에 쫓기지 않고 내면의 속삭임을 좇아가자'라는 한 문장으로 간추려졌다.

다양한 관계 속에서 진짜 나는 누구인가? 책에서 고민을 낫게 한 문장들을 발견했다. 전체주의에 잠식되지 않는 개인의 건강한 저항의식만이 유일한 희망이라는 것, 우리는 사랑 안에서 정체성을 확립한다는 것, 모든 관계의 주도권은 내게 있다는 것을 인식했다. 이는 '관계 속에서 훼손되지 않도록 나 자신을 지켜내자'라는 한 문장으로 다듬어졌다.

답답한 삶 속에서 어떻게 나를 숨 쉬게 할 것인가? 책에서 고민을 아물게 한 문장들을 캐냈다. 우리의 몸은 일회용이 아닌 최고급 명품이라는 것, 진정한 여행은 인생이라는 여정 속에 주어지는 일상의 충만함을 누리는 것, 나의 청춘은 현재 진행형이기에 오늘 나는 가장 젊고 아름답다는 것을 이해했다. 이는 '오늘 소중하고 충만하게 나를 가꾸어가자'라는 한 문장으로 요약되었다.

앞으로 나는 또 어떤 문장들과 만나게 될까? 미지의 세계를 탐험하는 설렘으로 오늘도 책을 펼친다. 문장을 발견하는 책 읽기는 문장을 새겨가는 책 쓰기가 되고 다시 문장을 찾아 떠나는 여행이 된다.

누구나 삶에서 찾은 문장을 마음에 품고 살아간다. 타인과 나누는 대화 또한 문장이다. 언제나 내게 좋은 문장을 선물해주는 가족, 친구, 직장 동료, 멘토에게 감사한다.

2020년 10월 한 통의 메일을 받았다. '출간 제안 드립니다'라는 제목이 심상치 않았다. "작가님의 책 <서른 넘어 찾아온 다섯 가지 기회>를 인상 깊게 읽고 저자로 모셔서 함께 책을 만들어보고 싶었습니다."

유명 작가들이나 제안받는다고 생각했던 원고 청탁이

었다. 어안이 벙벙했다. 출판사에서는 청년들을 대상으로 하는 기획을 준비 중이라고 했다. 이것은 분명 서른 넘어 찾아온 여섯 번째 기회였다.

작가들은 출간을 출산에 비유하곤 한다. 창작의 고통에 몸부림치는 시간 동안 인내하며 품어낸 원고가 마침내 세상의 빛을 볼 때 또 하나의 자녀가 생기는 기분이라고 한다. 지난해 둘째 아이보다 한 달 늦게 태어난 전작은 내게 셋째 아이와도 같다.

전작의 원고는 첫째 아이 탄생 직후 육아휴직 기간에 썼는데 이번 책은 둘째 아이가 생후 8개월, 첫째 아이가 34개월인 시점에 일도 하면서 집필을 시작했다. 지인들은 도대체 그 와중에 어떻게 책을 썼는지 궁금해한다. 잠을 줄이는 방법 외에는 다른 방도가 없었다. 아내의 배려 또한 절대 빼놓을 수 없다. 바가지 긁지 않고 언제나 묵묵히 남편을 지지해주는 나의 아내, 지희야 사랑해. 첫째 선강이, 둘째 예안이도 아빠에게 큰 힘이 되어줘서 고마워. 선강아, 예안아 사랑해.

이제 넷째를 출간한다. 〈서른, 진짜 나를 알아가기 시작했다〉의 탄생을 위해 곁에서 최선을 다해준 허윤정 편집자와 이 기쁨을 함께 나누고 싶다. 더퀘스트 식구들에게 고마움을 느낀다.

넷째를 맞이하며 문장을 발견하는 즐거움이 더욱 커졌다. 내가 발견한 맛있는 문장을 정성스레 나누고자 했는데 독자들에게도 맛이 있었는지 모르겠다. 부디 흡족했기를 바라며 끝까지 이 문장을 읽어준 독자들에게 깊은 감사의 말을 전한다.

서른, 진짜 나를 알아가기 시작했다

초판 발행 · 2021년 7월 30일

지은이 · 김현중
발행인 · 이종원
발행처 · (주)도서출판 길벗
브랜드 · 더퀘스트
출판사 등록일 · 1990년 12월 24일
주소 · 서울시 마포구 월드컵로10길 56(서교동)
대표전화 · 02)332-0931 | **팩스** · 02)323-0586
홈페이지 · www.gilbut.co.kr | **이메일** · gilbut@gilbut.co.kr
대량구매 및 납품 문의 · 02)330-9708

기획 및 책임편집 · 허윤정(rosebud@gilbut.co.kr) | **제작** · 이준호, 손일순, 이진혁
마케팅 · 한준희(영업), 김선영, 김윤희(웹마케팅)
영업관리 · 김명자 | **독자지원** · 송혜란, 윤정아

디자인 · 여만엽디자인 | **표지그림**· 박혜(instagram.com/parkhye_n3) | **인쇄 및 제본**· 금강인쇄

979-11-6521-622-1 03190
(길벗 도서번호 040181)

정가 15,000원